唯识四论

中国佛学经典宝藏

71

陈鹏　释译

星云大师总监修

人民东方出版传媒

東方出版社

《中国佛学经典宝藏》
大陆简体字版编审委员会

总序

星云

自读首楞严，从此不尝人间糟糠味；

认识华严经，方知已是佛法富贵人。

诚然，佛教三藏十二部经有如暗夜之灯炬、苦海之宝筏，为人生带来光明与幸福，古德这首诗偈可说一语道尽行者阅藏慕道、顶戴感恩的心情！可惜佛教经典因为卷帙浩瀚、古文艰涩，常使忙碌的现代人有义理远隔、望而生畏之憾，因此多少年来，我一直想编纂一套白话佛典，以使法雨均沾，普利十方。

一九九一年，这个心愿总算有了眉目。是年，佛光山在中国大陆广州市召开“白话佛经编纂会议”，将该套丛书定名为《中国佛教经典宝藏》①。后来几经集思广

① 编者注：《中国佛教经典宝藏》丛书，大陆出版时改为《中国佛学经典宝藏》丛书。

益，大家决定其所呈现的风格应该具备下列四项要点：

一、启发思想：全套《中国佛教经典宝藏》共计百余册，依大乘、小乘、禅、净、密等性质编号排序，所选经典均具三点特色：

1. 历史意义的深远性
2. 中国文化的影响性
3. 人间佛教的理念性

二、通顺易懂：每册书均设有原典、注释、译文等单元，其中文句铺排力求流畅通顺，遣词用字力求深入浅出，期使读者能一目了然，契入妙谛。

三、文简意赅：以专章解析每部经的全貌，并且搜罗重要的章句，介绍该经的精神所在，俾使读者对每部经义都能透彻了解，并且免于以偏概全之谬误。

四、雅俗共赏：《中国佛教经典宝藏》虽是白话佛典，但亦兼具通俗文艺与学术价值，以达到雅俗共赏、三根普被的效果，所以每册书均以题解、源流、解说等章节，阐述经文的时代背景、影响价值及在佛教历史和思想演变上的地位角色。

兹值佛光山开山三十周年，诸方贤圣齐来庆祝，历经五载、集二百余人心血结晶的百余册《中国佛教经典宝藏》也于此时隆重推出，可谓意义非凡，论其成就，则有四点可与大家共同分享：

一、佛教史上的开创之举：民国以来的白话佛经翻译虽然很多，但都是法师或居士个人的开示讲稿或零星的研究心得，由于缺乏整体性的计划，读者也不易窥探佛法之堂奥。有鉴于此，《中国佛教经典宝藏》丛书突破窠臼，将古来经律论中之重要著作，做有系统的整理，为佛典翻译史写下新页！

二、杰出学者的集体创作：《中国佛教经典宝藏》丛书结合中国大陆北京、南京各地名校的百位教授、学者通力撰稿，其中博士学位者占百分之八十，其他均拥有硕士学位，在当今出版界各种读物中难得一见。

三、两岸佛学的交流互动：《中国佛教经典宝藏》撰述大部分由大陆饱学能文之教授负责，并搜录台湾教界大德和居士们的论著，借此衔接两岸佛学，使有互动的因缘。编审部分则由台湾和大陆学有专精之学者从事，不仅对中国大陆研究佛学风气具有带动启发之作用，对于台海两岸佛学交流更是帮助良多。

四、白话佛典的精华集萃：《中国佛教经典宝藏》将佛典里具有思想性、启发性、教育性、人间性的章节做重点式的集萃整理，有别于坊间一般“照本翻译”的白话佛典，使读者能充分享受“深入经藏，智慧如海”的法喜。

今《中国佛教经典宝藏》付梓在即，吾欣然为之作序，并借此感谢慈惠、依空等人百忙之中，指导编修；吉广舆等人奔走两岸，穿针引线；以及王志远、赖永海等大陆教授的辛勤撰述；刘国香、陈慧剑等台湾学者的周详审核；满济、永应等“宝藏小组”人员的汇编印行。他们的同心协力，使得这项伟大的事业得以不负众望，功竟圆成！

《中国佛教经典宝藏》虽说是大家精心擘划、全力以赴的巨作，但经义深邈，实难尽备；法海浩瀚，亦恐有遗珠之憾；加以时代之动乱，文化之激荡，学者教授于契合佛心，或有差距之处。凡此失漏必然甚多，星云谨以愚诚，祈求诸方大德不吝指正，是所至祷。

一九九六年五月十六日于佛光山

原版序

敲门处处有人应

《中国佛教经典宝藏》是佛光山继《佛光大藏经》之后，推展人间佛教的百册丛书，以将传统《大藏经》精华化、白话化、现代化为宗旨，力求佛经宝藏再现今世，以通俗亲切的面貌，温渥现代人的心灵。

佛光山开山三十年以来，家师星云上人致力推展人间佛教，不遗余力，各种文化、教育事业蓬勃创办，全世界弘法度化之道场应机兴建，蔚为中国现代佛教之新气象。这一套白话精华大藏经，亦是大师弘教传法的深心悲愿之一。从开始构想、擘划到广州会议落实，无不出自大师高瞻远瞩之眼光，从逐年组稿到编辑出版，幸赖大师无限关注支持，乃有这一套现代白话之大藏经问世。

这是一套多层次、多角度、全方位反映传统佛教文化的丛书，取其精华，舍其艰涩，希望既能将《大藏经》

深睿的奥义妙法再现今世，也能为现代人提供学佛求法的方便舟筏。我们祈望《中国佛教经典宝藏》具有四种功用：

一、是传统佛典的精华书

中国佛教典籍汗牛充栋，一套《大藏经》就有九千余卷，穷年皓首都研读不完，无从赈济现代人的枯槁心灵。《宝藏》希望是一滴浓缩的法水，既不失《大藏经》的法味，又能有稍浸即润的方便，所以选择了取精用弘的摘引方式，以舍弃庞杂的枝节。由于执笔学者各有不同的取舍角度，其间难免有所缺失，谨请十方仁者鉴谅。

二、是深入浅出的工具书

现代人离古愈远，愈缺乏解读古籍的能力，往往视《大藏经》为艰涩难懂之天书，明知其中有汪洋浩瀚之生命智慧，亦只能望洋兴叹，欲渡无舟。《宝藏》希望是一艘现代化的舟筏，以通俗浅显的白话文字，提供读者遨游佛法义海的工具。应邀执笔的学者虽然多具佛学素养，但大陆对白话写作之领会角度不同，表达方式与台湾有相当差距，造成编写过程中对深厚佛学素养与流畅白话语言不易兼顾的困扰，两全为难。

三、是学佛入门的指引书

佛教经典有八万四千法门，门门可以深入，门门是无限宽广的证悟途径，可惜缺乏大众化的入门导览，不易寻觅捷径。《宝藏》希望是一支指引方向的路标，协助十方大众深入经藏，从先贤的智慧中汲取养分，成就无上的人生福泽。

四、是解深入密的参考书

佛陀遗教不仅是亚洲人民的精神归依，也是世界众生的心灵宝藏。可惜经文古奥，缺乏现代化传播，一旦庞大经藏沦为学术研究之训诂工具，佛教如何能扎根于民间？如何普济僧俗两众？我们希望《宝藏》是百粒芥子，稍稍显现一些须弥山的法相，使读者由浅入深，略窥三昧法要。各书对经藏之解读诠释角度或有不足，我们开拓白话经藏的心意却是虔诚的，若能引领读者进一步深研三藏教理，则是我们的衷心微愿。

大陆版序一

《中国佛教经典宝藏》是一套对主要佛教经典进行精选、注译、经义阐释、源流梳理、学术价值分析，并把它们翻译成现代白话文的大型佛学丛书，成书于二十世纪九十年代，由台湾佛光文化事业有限公司出版，星云大师担任总监修，由大陆的杜继文、方立天以及台湾的星云大师、圣严法师等两岸百余位知名学者、法师共同编撰完成。十几年来，这套丛书在两岸的学术界和佛教界产生了巨大的影响，对研究、弘扬作为中国传统文化重要组成部分的佛教文化，推动两岸的文化学术交流发挥了十分重要的作用。

《中国佛学经典宝藏》则是《中国佛教经典宝藏》的简体字修订版。之所以要出版这套丛书，主要基于以下的考虑：

首先，佛教有三藏十二部经、八万四千法门，典籍浩瀚，博大精深，即便是专业研究者，穷其一生之精力，恐也难阅尽所有经典，因此之故，有“精选”之举。

其次，佛教源于印度，汉传佛教的经论多译自梵语；加之，代有译人，版本众多，或随音，或意译，同一经文，往往表述各异。究竟哪一种版本更契合读者根机？哪一个注疏对读者理解经论大意更有助益？编撰者除了标明所依据版本外，对各部经论之版本和注疏源流也进行了系统的梳理。

再次，佛典名相繁复，义理艰深，即便识得其文其字，文字背后的义理，诚非一望便知。为此，注译者特地对诸多冷僻文字和艰涩名相，进行了力所能及的注解和阐析，并把所选经文全部翻译成现代汉语。希望这些注译，能成为修习者得月之手指、渡河之舟楫。

最后，研习经论，旨在借教悟宗、识义得意。为了将其思想义理和现当代价值揭示出来，编撰者对各部经论的篇章品目、思想脉络、义理蕴涵、学术价值等所做的发掘和剖析，真可谓殚精竭虑、苦心孤诣！当然，佛理幽深，欲入其堂奥、得其真义，诚非易事！我们不敢奢求对于各部经论的解读都能鞭辟入里，字字珠玑，但希望能对读者的理解经义有所启迪！

习近平主席最近指出：“佛教产生于古代印度，但传入中国后，经过长期演化，佛教同中国儒家文化和道家文化融合发展，最终形成了具有中国特色的佛教文化，给中国人的宗教信仰、哲学观念、文学艺术、礼仪习俗等留下了深刻影响。”如何去研究、传承和弘扬优秀佛教文化，是摆在我们面前的一个重要课题，人民东方出版传媒有限公司拟对繁体字版的《中国佛教经典宝藏》进行修订，并出版简体字版的《中国佛学经典宝藏》，随喜赞叹，寥寄数语，以叙因缘，是为序。

二〇一六年春于南京大学

大陆版序二

依空

身材高大、肤色白皙、擅长军事的亚利安人，在公元前四千五百多年从中亚攻入西北印度，把当地土著征服之后，为了彻底统治这里的人民，建立了牢不可破的种姓制度，创造了无数的神祇，主要有创造神梵天、破坏神湿婆、保护神毗婆奴。人们的祸福由梵天决定，为了取悦梵天大神，需要透过婆罗门来沟通，因为他们是从梵天的口舌之中生出，懂得梵天的语言——繁复深奥的梵文，婆罗门阶级是宗教祭祀师，负责教育，更掌控了神与人之间往来的话语权。四种姓中最重要的是刹帝利，举凡国家的政治、经济、军事、文化等等都由他们实际操作，属贵族阶级，由梵天的胸部生出。吠舍则是士农工商的平民百姓，由梵天的膝盖以上生出。首陀罗则是被踩在梵天脚下的土著。前三者可以轮回，纵然几世轮转都无法脱离原来种姓，称为再生族；首陀罗则连轮回的因缘都没有，为不生族，生生世世为首陀罗，子孙也倒霉跟着宿命，无法改变身份。相对于此，贱民比首陀罗更为卑微、低贱，连四种姓都无法跻身其中，只能从事挑粪、焚化尸体等最卑贱、龌龊的工作。

出身于高贵种姓释迦族的悉达多太子，为了打破种姓制度的桎梏，舍弃既有的优越族姓，主张一切众生皆平等，成正等觉，创立了佛教僧团。为了贯彻佛教的平等思想，佛陀不仅先度首陀罗身份的优婆离出家，后度释迦族的七王子，先入山门为师兄，树立僧团伦理制度。佛陀更严禁弟子们用贵族的语言——梵文宣讲佛法，而以人民容易理解的地方口语来演说法义，这就是巴利文经典的滥觞。佛陀认为真理不应该是属于少数贵族、知识分子的专利或装饰，而应该更贴近普罗大众，属于平民百姓共有共知。原来佛陀早就在推动佛法的普遍化、大众化、白话化的伟大工作。

佛教从西汉哀帝末年传入中国，历经东汉、魏晋南北朝、隋唐的漫长艰巨的译经过程，加上历代各宗派祖师的著作，积累了庞博浩瀚的汉传佛教典籍。这些经论义理深奥隐晦，加以书写的语言文字为千年以前的古汉文，增加现代人阅读的困难，只能望着汗牛充栋的三藏十二部扼腕慨叹，裹足不前。

如何让大众轻松深入佛法大海，直探佛陀本怀？佛光山开山宗长星云大师乃发起编纂《中国佛教经典宝藏》。一九九一年，先在大陆广州召开“白话佛经编纂会议”，订定一百本的经论种类、编写体例、字数等事项，礼聘中国社科院的王志远教授、南京大学的赖永海教授分别为中国大陆北方与南方的总联络人，邀请大陆各大学的佛教学者撰文，后来增加台湾部分的三十二本，是为一百三十二册的《中国佛教经典宝藏精选白话版》，于一九九七年，作为佛光山开山三十周年的献礼，隆重出版。

六七年间我个人参与最初的筹划，多次奔波往来于大陆与台湾，小心谨慎带回作者原稿，印刷出版、营销推广。看到它成为佛教徒家中的传家宝藏，有心了解佛学的莘莘学子的入门指南书，为星云大师监修此部宝藏的愿心深感赞叹，既上契佛陀“佛法不舍一众”的慈悲本怀，更下启人间佛教“普世益人”的平等精神。尤其可喜者，欣闻现大陆出版方东方出版社潘少平总裁、彭明哲副总编亲自担纲筹划，组织资深编辑精校精勘；更有旅美企业家鲁彼德先生事业有成之际，秉“十方来，十方去，共成十方事”之襟怀，促成简体字版《中国佛学经典宝藏》的刊行。今付梓在即，是为序，以表随喜祝贺之忱！

二〇一六年元月

目　录

《中国佛学经典宝藏》

华人佛学界顶级专家团队编撰。大陆首次引进简体中文版。

读得懂，买得起，藏得下的“白话精华大藏经”。

《中国佛学经典宝藏》白话版系列丛书，共计132册，由星云大师总监修，大陆、台湾百余专家学者通力编撰而成。

丛书依大乘、小乘、禅、净、密等性质编号排序，将古来经律论中之经典著作，依据思想性、启发性、教育性、人间性的原则，做了取其精华、舍其艰涩的系统整理。每种经典都按原文、注释、译文等体例编排，语言力求通俗易懂、言简意赅，让佛学名著真正做到雅俗共赏；还以题解、源流、解说等章节，阐述经文的时代背景、影响价值及在佛教历史和思想演变上的地位角色。丛书还开创性地收录了一些有代表性的现代读本。

星云大师总监修

“人间佛教”的践行本

专家推荐

星云大师常常说，佛学不是少数人的专利，它应该是每一个人都能够接触的。这套书推动了白话佛学经典的完成。

——依空法师

佛光山长老，文学博士，印度哲学博士

星云大师对编修《中国佛学经典宝藏》非常重视，对经典进行注、译，包括版本源流梳理，这对一般人去看经典、理解经典的思想，是有帮助的。

——赖永海

南京大学教授，旭日佛学研究中心主任

《中国佛学经典宝藏》精选了很多篇目，是能够把佛法的精要，比较全面地给予介绍。

——王志远

中国社会科学院研究生院导师，中国宗教协会副会长

传统大藏经 VS 中国佛学经典宝藏

传统大藏经		中国佛学经典宝藏
卷帙浩繁 普通人阅读没头绪、没精力、看不懂。	VS	**精华集萃** 星云大师亲选132种书目，提纲挈领，方便读经。

传统大藏经		中国佛学经典宝藏
古文艰涩 繁体竖排 佛经文辞晦涩，多用繁体竖排版：读经门槛高。	VS	**白话精译 简体横排** 经典原文搭配白话精译，既可直通经文，又可研习原典。

传统大藏经		中国佛学经典宝藏
经义玄奥 难尝法味 微言大义，法义幽微，没有明师指引难理解。	VS	**专家注解 普利十方** 华人佛学界顶级专家精注精解，一通百通。

《中国佛学经典宝藏》目录

编号	书名
1	中阿含经
2	长阿含经
3	增一阿含经
4	杂阿含经
5	金刚经
6	般若心经
7	大智度论
8	大乘玄论
9	十二门论
10	中论
11	百论
12	肇论
13	辩中边论
14	空的哲理
15	金刚经讲话
16	人天眼目
17	大慧普觉禅师语录
18	六祖坛经
19	天童正觉禅师语录
20	正法眼藏
21	永嘉证道歌 · 信心铭
22	祖堂集
23	神会语录
24	指月录
25	从容录
26	禅宗无门关
27	景德传灯录
28	碧岩录
29	缁门警训
30	禅林宝训
31	禅林象器笺
32	禅门师资承袭图
33	禅源诸诠集都序
34	临济录
35	来果禅师语录
36	中国佛学特质在禅
37	星云禅话
38	禅话与净话
39	释禅波罗蜜次第法门
40	般舟三昧经
41	净土三经
42	佛说弥勒上生下生经
43	安乐集
44	万善同归集

编号	书名
45	维摩诘经
46	药师经
47	佛堂讲话
48	信愿念佛
49	精进佛七开示录
50	往生有分
51	法华经
52	金光明经
53	天台四教仪
54	金刚錍
55	教观纲宗
56	摩诃止观
57	法华思想
58	华严经
59	圆觉经
60	华严五教章
61	华严金师子章
62	华严原人论
63	华严学
64	华严经讲话
65	解深密经
66	楞伽经
67	胜鬘经
68	十地经论
69	大乘起信论
70	成唯识论
71	唯识四论
72	佛性论
73	瑜伽师地论
74	摄大乘论
75	唯识史观及其哲学
76	唯识三颂讲记
77	大日经
78	楞严经
79	金刚顶经
80	大佛顶首楞严经
81	成实论
82	俱舍要义
83	佛说梵网经
84	四分律
85	戒律学纲要
86	优婆塞戒经
87	六度集经
88	百喻经

编号	书名
89	法句经
90	本生经的起源及其开展
91	人间巧喻
92	大乘本生心地观经
93	南海寄归内法传
94	入唐求法巡礼记
95	大唐西域记
96	比丘尼传
97	弘明集
98	出三藏记集
99	牟子理惑论
100	佛国记
101	宋高僧传
102	唐高僧传
103	梁高僧传
104	异部宗轮论
105	广弘明集
106	辅教编
107	释迦牟尼佛传
108	中国佛教名山胜地寺志
109	敕修百丈清规
110	洛阳伽蓝记
111	佛教新出碑志集萃
112	佛教文学对中国小说的影响
113	佛遗教三经
114	大般涅槃经
115	地藏本愿经外二部
116	安般守意经
117	那先比丘经
118	大毗婆沙论
119	大乘大义章
120	因明入正理论
121	宗镜录
122	法苑珠林
123	经律异相
124	解脱道论
125	杂阿毗昙心论
126	弘一大师文集选要
127	《沧海文集》选集
128	《劝发菩提心文》讲话
129	佛经概说
130	佛教的女性观
131	涅槃思想研究
132	佛学与科学论文集

题解

本书所选均是佛教大乘唯识学的论著，可以合称“唯识四论”。它们是《大乘百法明门论解》《唯识二十论》《唯识三十论》《八识规矩颂》。

印度佛教有小乘、大乘之分，大乘佛教又有空宗、有宗之分。大乘有宗即是唯识宗，亦称法相宗、瑜伽宗或瑜伽行派。三种叫法各有源由：因其主张“万法唯识”而称唯识宗；因其注重名相分析而称法相宗；因其主要经典《瑜伽师地论》而得名瑜伽宗。唯识学又可分印度唯识学和中国唯识学，印度唯识以无著、世亲为创始人，中国唯识则始于玄奘。玄奘大师是承继印度唯识学而又有发扬广大。

唯识宗最初起因于对大乘空宗流于空幻的救治。大乘空宗（龙树、提婆之学）主张“一切皆空”，否定一切客观事物和一切观念意识的存在；不执一物，不执一念；世间万物是空，空也是空。唯识宗认为，空宗给人一种一切皆断灭的空幻之感，连佛法真谛（菩提）和清净真如（涅槃）的实有也会被否定掉。所以，唯识宗一面讲世间万物是空幻假有，另一面讲清净真如是圆满实在。这就是唯识宗优于其他佛学宗派的地方。更通俗一点的说法是：唯识宗对世间事物的诸种性相和清净无为的完满特性以及前者向后者的转化过程，均有详尽的分析和说明。佛学多论空有，不免带有哲学本体论的意味；因而不仅晦涩难懂，而且削弱和模糊了佛学人生论的本意。如果用“不完满”和“完满”或者“变易”和“永恒”来诠释“空”与“有”，就会使佛学亲近得多。

唯识宗的主要内容可以概括成两个方面：一是“万法唯识”，讲八识形式如何变现出世间一切现象。主要体现在“三能变”的学说中。二是“转识成智”，讲虚妄识如何转变成清净智慧。主要体现在“三性三无性”的学说中。前者旨在“破相见性”或“遣假存实”，即万物是假相，心识是根源；万物是现象，心识是实性。后者旨在“断染成净”，即虚妄识（普通识）是烦恼污染，清净智慧是安定清净。前者讲现象之生起，后者讲智慧之由来。如果我们不知道人生因何而苦、因何而缺，那么我们如何能知道什么是人生的完满，又如何达到人生的完满呢？唯识宗对凡夫众生虚妄识（惑）的细密剖析，使众生得以了解自身之所以堕入苦海的真正原因。这是唯识宗的突出贡献。

以下对唯识四论分别略解。

一、大乘百法明门论解

此文是唐代唯识大师窥基对《大乘百法明门论》（以下简称《百法论》）的简略解说。《百法论》原是印度唯识大师世亲所著，由玄奘大师译成汉言。本书所选正文是录自日本《大正新修大藏经》第四十四册。

世亲是北印度富娄沙富国人，大约生活于公元四世纪到五世纪之间（佛陀入灭后九年）。世亲的梵文“婆薮盘豆”的意译，也译作“天亲”。传说小时的世亲就聪明绝伦，世间难有匹敌。年轻时的世亲初在异邦阿踰阇国苦研小乘佛学，遍通小乘二十部的所有经典，尤精于说一切有部的教义。他为阐发说一切有部的根本经典《阿毗达摩大毗婆沙论》而著的《阿毗达摩俱舍论》，成为小乘佛教的代表性著作之一。更由于中国学者的努力，以此论为中心形成了一个佛教宗派——俱舍宗。

当世亲在阿踰阇国弘扬小乘之际，其兄无著在富娄沙富国却正致力于大乘有宗的建立。听说世亲正造论破坏大乘，无著就谎称自己有病，召回世亲。世亲问其兄生了什么病，无著说：“我患的是心病。你不信大乘佛教，经常出言毁谤，以这样的恶言恶行，必有不可言状的恶报。我正为此万分愁苦，怕是活不多久了！”世亲听了十分惊惧，无著当即向其弟略说大乘要义。世亲当下便有所领悟，于是遍学大乘经论，才知小乘佛教的不究竟。由此悟觉，世亲十分愧疚自责；想自割舌头以示对毁谤大乘佛学之罪的悔过。无著告诉他说：割舌并不能彻底解除罪过，而应该用犯过罪的舌去宣扬大乘佛学。从此，世亲发奋著书，阐扬大乘佛学。对大乘经典《华严经》《大涅槃经》《法华经》《般若经》《胜鬘经》等都有解释。并有详论瑜伽宗的许多论著，主要有《摄大乘论释》《辨中边论》《十地经论》《大乘百法明门论》《唯识二十论》《唯识三十论》《大乘五蕴论》《佛性论》等。尤其是《唯识二十论》和《唯识三十论》，两书是印度唯识的最高成就，后者更对瑜伽行派的全部哲学作了系统的说明，该书的注释《成唯识论》被公认为唯识学最重要的著作。

玄奘，俗名陈祎，河南洛州缑氏县（今河南偃师市南境）人。玄奘生于隋文帝开皇二十年（公元六〇〇年），卒于唐麟德元年（公元六六四年，也有说是公元六六二年或六六八年），享年六十五岁。玄奘少时因为家境困难，跟着二兄长捷法师在洛阳净土寺学习佛经。十一岁时就熟悉《法华》《维摩》，十三岁时破格度僧。二十八岁时，佛教大小乘的教理都给他弄通了，且享有盛誉。但他不满意当时非常紊乱的中国佛学，同时又受来华传教的印度高僧的影响，便下决心去印度直探佛学的堂奥，尤其要弄通总赅三乘学说而为佛家哲学总汇的《瑜伽师地论》。

贞观二年（公元六二八年，玄奘二十九岁），玄奘趁北方霜灾，唐统治者准允道俗四出寻食的机会，前往敦煌，取道现今的甘肃、新疆，历经西域十六国，行程五万余里，遭受了不可想象的各种艰难险阻，才到了北印度，又经过十余国才到了那烂陀寺。当时的那烂陀寺是印度佛学的中心，代表了古印度文化的最高水平。玄奘到那烂陀寺时，正是唯识大师戒贤主持。

玄奘进入印度国境以来，随处遇着高僧大德，就停留参学。广学俱舍、顺正理、因明、声明、经百论、对法、理门、经部毗婆沙、发智、日胄毗婆沙论等，且行且学，到达那烂陀寺时已过了近四年。在那烂陀寺，玄奘拜戒贤为师，更是谨严求学，并被推为通三藏佛典的十德之一。当时，寺中精通二十部经典的学者有一千余人，精通三十部的有五十余人，精通五十部的只有十人，包括玄奘在内。至于戒贤则一切经论无所不通。玄奘为了更广泛的参学，便又去印度各地游学。玄奘在印度共留学十七年，不但精通内典，而且也弄通了婆罗门教“吠陀”经典；以及因明（逻辑）、声明（音韵）、医学、工艺等，成为五印景仰的大师。

玄奘回国以后的杰出工作就是佛经翻译。从他开始创译直到绝笔，孜孜不懈努力了十九年，共译出佛典七十五部，一千三百三十五卷，一千三百多万言。他的翻译事业，就数量来说，大得惊人，前无古人；就质量而论，也是空前制作。这一千三百余卷的佛典，完完整整地把佛教哲学和逻辑的各方面都次第引入华夏。尤其于唯识学，由于玄奘的翻译和宏扬，中国唯识学不仅得其真传，而且有所光大。玄奘的著作主要有《大唐西域记》《会宗论》《制恶见论》《三身论》等，其中《会宗论》是融会中观实相论和瑜伽缘起论的代表作，会通般若（中观）和瑜伽是玄奘大师的毕生心愿，也是大师的卓著贡献。

《百法论解》的著者窥基就是玄奘门下四大高足之一（其余是神昉、嘉尚、普光），且最能继承玄奘的法系。

窥基，俗姓尉迟，父亲尉迟宗，叔叔尉迟敬德，京兆长安人。生于唐贞观六年（公元六三二年），卒于唐高宗永淳元年（公元六八二年），享年五十一岁。唐贞观十九年（公元六四五年），玄奘游印归来，从事翻译事业，并很注意物色人才。一次偶然在路上遇见窥基，见其眉目秀朗，举止大方，便有意度他为弟子，亲自去和他父亲商量，得到允许。十七岁时，窥基正式剃度为玄奘弟子。二十五岁时，正式参与译经。从此，他一直跟随玄奘参加慈恩、西明、玉华等译场，并随从受业。窥基三十二岁时，玄奘在玉华宫译场圆寂，译经事业中止。窥基回到大慈恩寺，专事撰述。

窥基随侍玄奘参加译场，前后九年，玄奘译籍中标明窥基笔受的共有经论十九卷，其中以《成唯识论》十卷最为著名。窥基还是当时造疏最多的，被称为“百部疏主”，诸如《瑜伽师地论略纂》《杂集论述记》《因明入正理论疏》《佛说无垢称经赞疏》《大乘法苑义林章》等。他的注疏，很多是在玄奘亲自指导下写成的，大体上包罗了玄奘学说的主要内容。要了解玄奘的学说，现在所可依据的，最主要的就是窥基这些著作。玄奘圆寂后，学人多认为窥基是玄奘的继承者。窥基也就成为玄奘门下的权威，为国内外同所景仰，后形成慈恩一宗。窥基一传弟子慧沼，再传智周，均能继续阐扬。智周弟子有新罗（朝鲜）智凤、日本玄昉等，于八世纪将窥基著述传到日本，成为日本法相宗。十九世纪中叶，中国又从日本搜罗得慈恩宗著作多本，次第刊行，重加整理和研究。

《百法论》的内容应属于宇宙要素论或现象论。此论首先标出“一切法无我”的宗旨。所谓“一切法”是指世间宇宙一切现象。“法”在佛教中的一个重要意义就是“事物”或“现象”。所谓“无我”即是“空幻假有”“生灭不定”。此论把“一切法”概括成一百种精神现象和物质现象，所以称“百法明门论”。其中“明门”二字，是要说明进入大乘佛学的途径。此论的结尾部分就是总括大乘的核心思想——“二无我”或“人法二空”。

一百种法被分成五大类，它们是：

第一心法八种。心法是最基本的精神活动，包括八种识形。心法八识是其他心理活动（心所法）的主宰，是一切现象生起的根源，所以又称“心王”。

第二心所有法五十一种。心所有法简称“心所”，它附属于心法，相应于心法，体现出人类各种细微的心理活动。心所法又分六类，分别是：一“遍行”五种，普遍活动于各识之中；二“别境”五种，产生于特定的环境；三“善”十一种，有利于善德修行；四“烦恼”六种，是六种根本烦恼心理；五“随烦恼”二十种，是附属于“根本烦恼”而起的烦恼心理；六“不定”四种，是善恶未定的四个心所。

第三色法十一种，泛指一切物质现象，包括五根（五种感觉器官）和六境（六种感知对象，如颜色、味道、体积等）。

第四心不相应行法二十四种，概括精神现象（心、心所）和物质现象（色法）的各种属性。有的表示各种事物间的关系，如“众同分”“和合”“不和合”等；有的表示事物的变迁流动，如“生”“老”“流转”等；有的表现言语特性等。以上四类法都是有生灭、有变易、有依缘、有造作的“有为法”。

第五种“无为法”，则是没有造作的清净、永恒的境界。无为法共有六种，以“真如无为”为最高境界。下表列出了全部百法：

百法的分类、排列及内在结构充分体现了唯识宗“万法唯识”以及“真如实有”的宗旨。对此作以下简单的分析：

（一）《百法论》的排列次序侧重于心识现象的根本性地位。宇宙万法都是从心识转变而生，没有离开心识而独立的客观现象。所以有心法、心所法（皆是精神现象），然后才有色法。

（二）在心、心所的精神现象中，“善”心所和“烦恼”心所占有绝对数量。这说明佛教修行的主要内容是去恶扬善、断染（烦恼）成净。

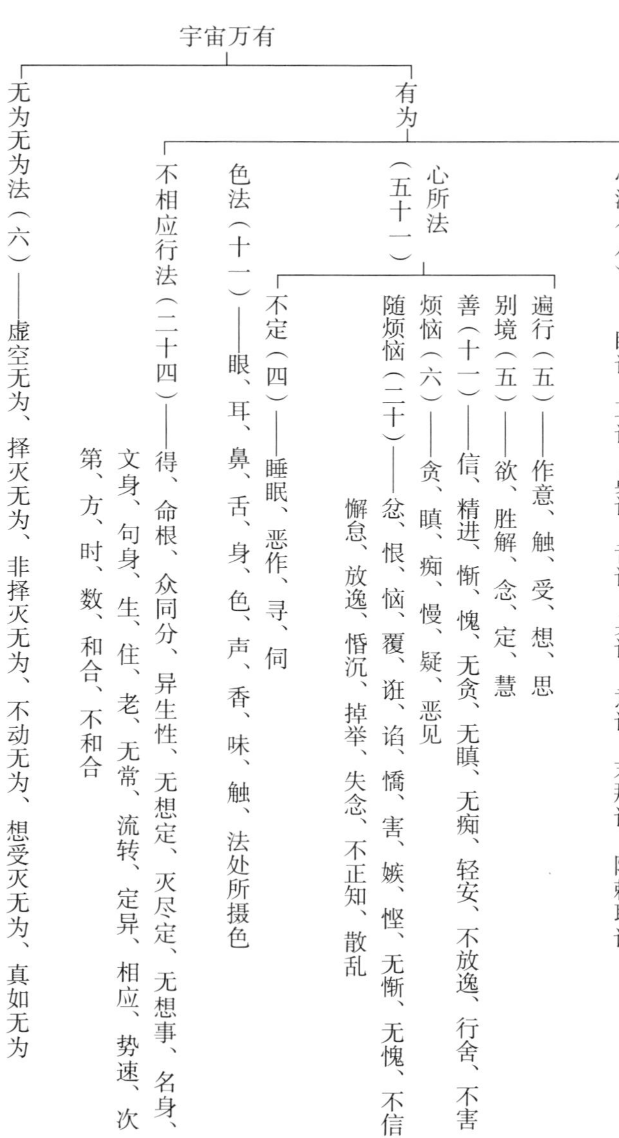
宇宙万有
有为
心法（八）——眼识、耳识、鼻识、舌识、身识、意识、末那识、阿赖耶识
心所法（五十一）
遍行（五）——作意、触、受、想、思
别境（五）——欲、胜解、念、定、慧
善（十一）——信、精进、惭、愧、无贪、无瞋、无痴、轻安、不放逸、行舍、不害
烦恼（六）——贪、瞋、痴、慢、疑、恶见
随烦恼（二十）——忿、恨、恼、覆、诳、谄、憍、害、嫉、悭、无惭、无愧、不信、懈怠、放逸、惛沉、掉举、失念、不正知、散乱
不定（四）——睡眠、恶作、寻、伺
色法（十一）——眼、耳、鼻、舌、身、色、声、香、味、触、法处所摄色
不相应行法（二十四）——得、命根、众同分、异生性、无想定、灭尽定、无想事、名身、文身、句身、生、住、老、无常、流转、定异、相应、势速、次第、方、时、数、和合、不和合
无为无为法（六）——虚空无为、择灭无为、非择灭无为、不动无为、想受灭无为、真如无为

（三）百法中不但有世间假“有”的四种有为法，而且包括超世间实“有”的无为法。佛教中常称前者为“空”，后者为“实”。我们觉得应该称它们为两种存在（有）的类型，一种是世俗的不完满的存在，一种是超世俗的完满存在。这就是唯识宗体现出的“中道”精神：一面讲世俗假有非真，一面又讲真如究竟非假，所谓“空有双彰”。

《百法论》涉及唯识宗的基本概念和初步思想，被公认为是唯识宗的入门书。

窥基大师所著的《百法论解》对《百法论》的本义及其所蕴含的唯识要义均有极简洁而得要的解说。其具体内容可以按其行为顺序归纳如下：

（一）释题目。运用佛教特有的解释名词词组的方法：“六离合释”。包括“依主释”（解释名词的主次、偏正关系）、“持业释”（解释名词的功能业用）、“相违释”（由相反义的词组成的词组，如黑白）、“相邻释”（用相近词作解释）、“带数释”（包含数量的名词，如三界）、“有财释”（名词说明某人具有某种东西）。

（二）论主简介，就是略说世亲。

（三）五类法的基本内涵和相互关系。

（四）百种法各别解说。又可分为四个方面：（1）

得名缘由。（2）本质属性（各法的涵义）。（3）功能业用（与佛教修行的关系）。（4）各法间的关系。

（五）解有为法毕，小结“心识”是一切有为法的真实根源。

（六）解无为法毕，总结“一切法无我”的大乘宗旨。

二、唯识二十论

《唯识二十论》是世亲所著。该论的汉译本有三种：一是北魏译本，名为《唯识论》，译者般若流支；二是南朝陈译本，名为《大乘唯识论》，译者真谛；三是唐译本，名为《唯识二十论》，译者玄奘。这里选的是玄奘的译本，所选正文录自日本《大正新修大藏经》第三十一册。《唯识二十论》亦称《唯识二十颂》《唯识二十论颂》《二十唯识论》等。

该论全文共二十个偈颂（不算最后一个颂扬唯识大义的偈颂），每个颂是四句五言。颂文之间还有略作解说的文字，称为长行释文（与短行颂相比）。佛教很多经论都采用颂文体，主要是便于记忆和运用，而且有言简意赅的优点。

《唯识二十论》是通过对驳难者（外道）的反驳，

来证立唯识宗的根本命题：“唯识无境”（或是“万法唯识”），所谓“境”是指识的对象。“唯识无境”就是说：识的对象不能离开识而独立存在，或者在识之外没有别的客观存在物，并且识的对象只是识辗转变现的影像。《唯识二十论》的具体内容按其顺序可归纳如下：

（一）驳“处时决定”以成唯识。所谓“处时决定”，是指我们心识的产生，离不开一定的时间、场所。比如，到冬天才能看到大雪；在寺庙前才能看到寺庙。这说明识离不开外境。该论的前二个颂就是对此点的反驳。

（二）驳“狱卒实有”以成唯识。“地狱”是轮回五道中的最底一道，众生犯有大罪就会堕到地狱里受苦，接受种种惩罚。“狱卒实有”说认为：地狱里专事管制鬼的“狱卒”是实有其人。论中三、四、五、六颂均是对此说的反驳。

（三）说“内外处”以成唯识。所谓“内处”，就是“五根”，即五种感觉器官；所谓“外处”，就是“五境”，即五种感觉的外境对象。唯识宗认为：内处五根是由阿赖耶识的种子所变现，外处五境是心识变现的境相，内外处均不离识。论中第七、八两颂说明此点。

（四）小结“二无我”，即众生无我和法无我。属于论中第九颂。

（五）从一、多关系反驳外境实有。大意如下：如果说外境是一个单一的整体，就不应该有万物的种种分别，不应该有时空的区分；而应该一步就走到一切地方，一眼就看到一切东西。因为外境是“一”，只是一个东西。如果说外境是多样分别的万物世界，我们总是可以对某物进行分析，把它分析成更小的单位。比如把人分析成肌肉和骨骼，再把肌肉和骨骼分析成细胞，直至分析到不可再分的最小单位——极微。这种极微肯定是没有体积的，如果它有体积，它就可以继续被分析。那么，这些极微，这些没有体积的极微又如何构造出有体积的多样世界呢？所以，说外境是“多”也是不能自圆其说的。既然外境非一亦非多，那么外境就不是实有。外境只是心识变现的印象，如梦中看物。《唯识二十论》的大量篇幅就是用来讨论外境的一、多关系，包括第十至十四颂。

（六）破“直觉有境”以成唯识。所谓“直觉有境”，是指我们直接感觉到外境的存在。外境的实有是我们的直觉，无须证明。唯识宗认为：当我们知道这个“直觉”时，这个“直觉”已经逝去，与这个“直觉”相对应的“存在”也随之逝去。我们的直觉是刹那幻灭的，这种直觉不能告诉我们外境的存在。论中第十五至十八颂讨论此问题。

（七）引“意罚”为重以成唯识。所谓“意罚”，是指对意念犯罪的惩罚。众生的造业活动有三种方式：身业（身体行为）、口业（言语行为）、意业（意识行为）。其中意业是最根本的方式，所以“意罚”是防止恶行最重要的方法。意识是众生行为的本质，也是外境万物的本质。第十九、二十颂讨论“意罚”。

（八）最后还有一颂赞扬唯识义理的深广无边。

《唯识二十论》通过破“外境实有”（法执）的外道思想来证立“唯识无境”的唯识思想，成为唯识体系的核心著作之一。其特色是“即破以立”，有人加上副题是“摧破邪山论”，“邪山”即是外道邪见。

三、唯识三十论颂

《唯识三十论颂》（以下简称《三十颂》）是世亲晚年的最后一部著作，世亲没来得及作长行注释就离开了人世。《三十颂》完备而精练地概括了唯识体系，是唯识宗系统中最有代表性的著作。汉译本由玄奘译出，本书所选正文录自《大正新修大藏经》第三十一册。

《三十颂》的基本组织如下：

（一）前二十四颂讨论唯识相，即诸法万象如何从根本心识（八种识）中生起。其中第一颂及第二颂的前半段首先标出唯识的主旨：众生（我）万物（法）是八识三能变的变现。所谓“三能变”，是初能变阿赖耶识，次能变末那识，第三能变前六识。然后从第二颂的后半段到第十六颂是讨论八识三能变的诸种表现：业用功能、性相特性、善恶表现、所属界地、相应心所。所谓“界地”，就是三界九地，指众生世间的九层境界。第十七颂小结“万法唯识”。第十八和十九颂，破外道疑难，解释万物的种种分别和众生的生死轮回。第二十颂到二十四颂，讨论“三性三无性”。

（二）第二十五颂总结唯识性，即万法的唯识本性。

（三）最后五颂说明修行唯识的五种果位，它们依次是资粮位、加行位、通达位、修习位、究竟位。

根据以上的说明，可以列表如下，以便直观：

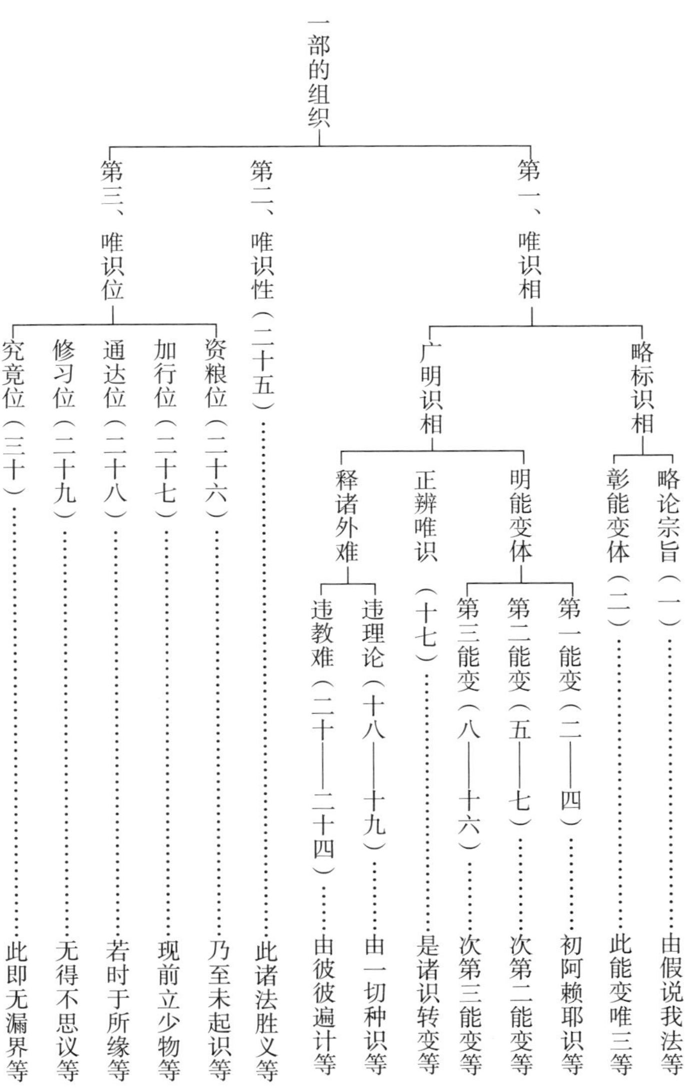

一部的组织
第一、唯识相
略标识相
略论宗旨（一）……由假说我法等
彰能变体（二）……此能变唯三等
广明识相
明能变体
第一能变（二——四）……初阿赖耶识等
第二能变（五——七）……次第二能变等
第三能变（八——十六）……次第三能变等
正辨唯识（十七）……是诸识转变等
释诸外难
违理论（十八——十九）……由一切种识等
违教难（二十——二十四）……由彼彼遍计等
第二、唯识性（二十五）……此诸法胜义等
第三、唯识位
资粮位（二十六）……乃至未起识等
加行位（二十七）……现前立少物等
通达位（二十八）……若时于所缘等
修习位（二十九）……无得不思议等
究竟位（三十）……此即无漏界等

唯识相中的一个重要内容，就是说明与八识三能变相应的心所法，也就此立出一表：

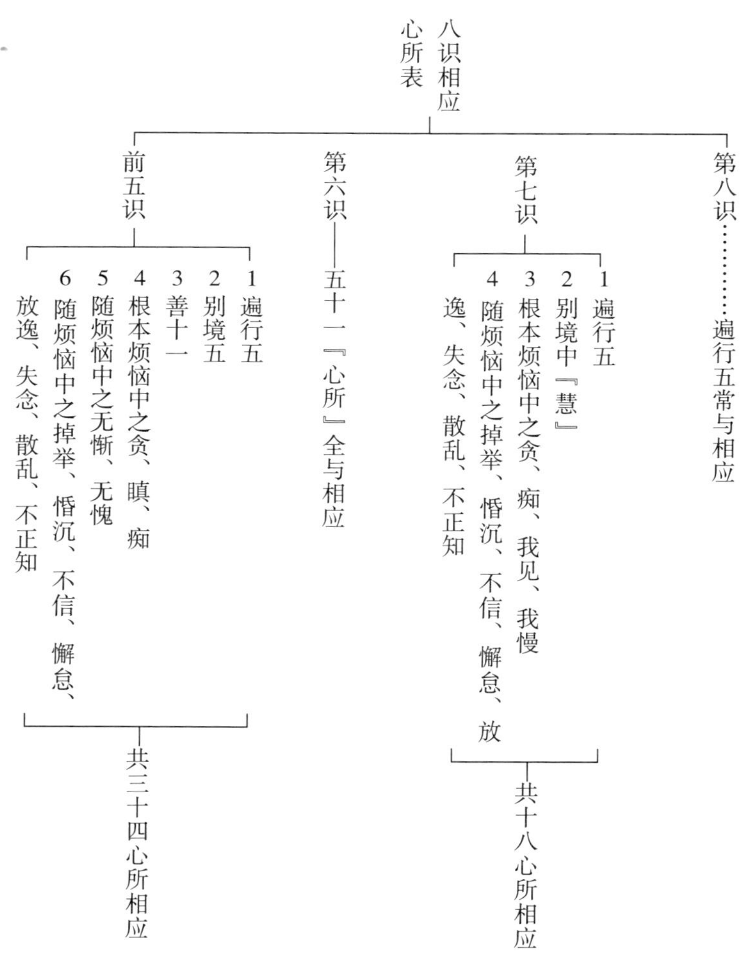

唯识相中另一个重要的内容，是“三性三无性”，此内容独占五颂。“三性三无性”的学说是理解“转识成智”的关键，在唯识哲学中可谓是“半壁江山”（另一半是“唯识无境”）。“三性”就是“三自性”，它反映了众生对事物认识的三个层次，也是为了说明众生的本心如何从普通识转变成圆满智慧。下面略解三自性。

第一“遍计所执自性”，是说人们的意识固执地认为（计）一切事物（遍）都是实有，并且具备特定的性质。这是处于“我法贪执”中的人们对事物的妄知。

第二“依他起自性”，是指人们认识到一切事物都要依赖外在的条件而生起、变化，从而认识到一切事物是不独立、不真实的虚幻假有。

第三“圆成实自性”，是指人们认识到真理的圆满。这是从妄有——假有（空）——实有的认识过程，也是从虚妄识到圆满智慧的转变过程。

“三无性”是从否定性的角度来揭示三个认识层次。认识到“遍计所执性”不过是意识的妄相，是“相无性”；意识到“依他起性”是因缘而生，并非实有，是“生无性”；在“圆成实性”中，没有“遍计”，也超越了“依他”，就是“胜义无性”。三性三无性的学说充分体现了唯识学全面、实际的中道精神。

《三十颂》涉及所有的唯识要旨。这本书出世以后，成为唯识学派争相研究的经典。世亲去世以后，有十大唯识论师对《三十颂》的解释最为著名。由玄奘、窥基等糅译十大论师注释而成的《成唯识论》便成为唯识学的集大成著作。窥基大师对此书赞曰："万象含于一字，千训备于一言；道超群典，与光同圣。"

四、八识规矩颂

《八识规矩颂》由玄奘著，用来说明或界定八识的种种性质和表现。《八识规矩颂》在大藏经中没有单行本，只有明朝普泰的《八识规矩颂补注》。本书所选正文录自王恩洋的《八识规矩颂释论》(载于现代佛教学术丛刊《唯识典籍研究》二，张曼涛主编)。

全文共十二颂，每颂是七言四句。文中按心法八识的次序分别加以解说：前四颂讨论前五识，次四颂讨论第六意识，第九、十两颂讨论第七末那识，第十一、十二两颂界说第八阿赖耶识。该文从以下八个方面来说明每一种识体。

(一)识境，识境就是心识的感知对象。唯识宗认为"境不离识"。比喻看花，花是眼中之花不是眼外之花，眼中之花就是"识境"。按照真假性质，识境分三类：性境、带质境、独影境。"性境"，指此境实有不虚，看花是花，看云是云。“带质境”，指此境与实物只是相似而并非实物本身，所谓“带质”是夹带一分本质。比如，把蛇看成草绳，木头人当成鬼等。“独影境”，专指幻想、梦境，是独头意识所缘之法尘，如阳焰、泡影等。就八识来说，前五识对应“性境”；第六识通三境；第七识对应“独影境”；第八识无有识境。

（二）识量，指三种认识过程：现量、比量、非量。“现量”，是对象（境）就在面前的认知方式，包括感觉或直觉。“比量”，是通过语言概念来推理以求得认知。“非量”，指错误的思维活动，如错觉、幻觉或错误的推理等。前五识是现量，第六识通三量，第七识是非量，第八识没有认知活动。

（三）识性，指识的善恶等性。识性有三种：善、恶、无记。无记，是指非善非恶，又分“有覆无记”和“无覆无记”。“有覆”是有烦恼隐藏，“无覆”相反。前五识是三性俱通，第六识通三性，第七识是有覆无记，第八识则是无覆无记。

（四）界地，即三界九地，是众生在出世间与俗世间的生活层次。欲界一地，是五趣杂居地；色界四地，是指四禅天，即离生喜乐、定生喜乐、离喜妙乐、舍念清净；无色界四地，是指四空天，即空无边处、识无边处、无所有处、非想非非想处。就八识来说，前五识只出现在前三地中，第六识通三界九地。

（五）相应心所，亦称“助伴”。八识与相应心所的关系在前面的《唯识三十论》的题解中已有列表。《八识规矩颂》中提到“中二”“大八”之类，是指随烦恼心所的分类，现也列一表，以便直观。小随烦恼是个别生起；中随烦恼是一切恶心均有；大随烦恼是一切烦恼心都有。

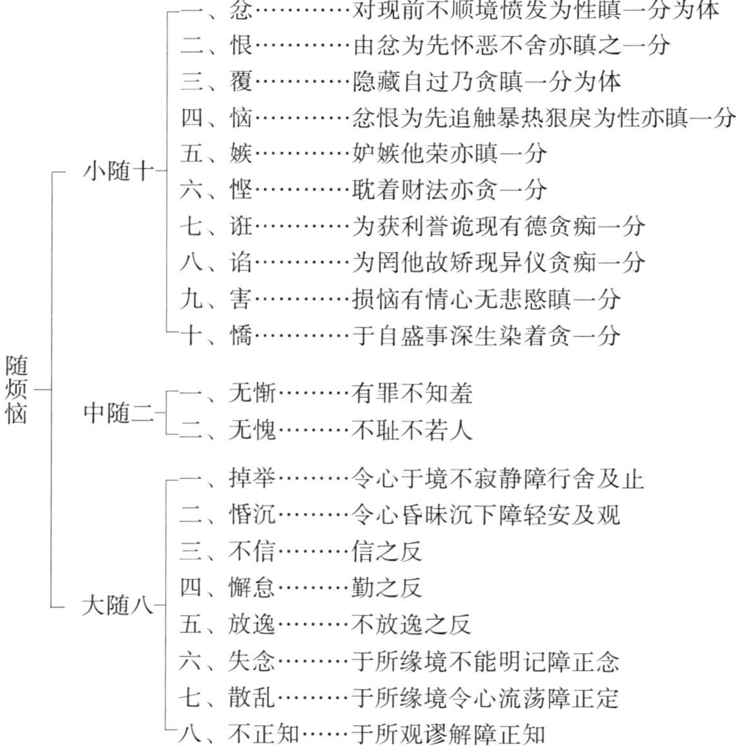

（六）依缘，指识产生的根据和条件。比如，眼识的产生需要九种条件：眼根（器官）、第六意识、第七识、第八识、作意（心所）、空（空间）、明（光亮）、色境（外物对象）、眼识种子。八识生起均各有依缘。

（七）业用，指诸识的活动形式。前五识是感觉外物；第六识是分别外物；第七识是思量第八识以为自我；第八识是含藏一切事物的种子。

（八）转依，指诸识向清净智慧的转变。众生的世俗意识或潜意识亦称为“虚妄意识”，它们处于贪欲、固执、偏见之中。众生的解脱即在于虚妄心识向清净智慧的转变，即“转识成智”。八种心识转变成四种智慧，具体如下：前五识转成“成所作智”，行善事利益众生；第六识转成“妙观察智”，思考事物的性相；第七识转成“平等性智”，一切平等，普度众生；第八识转成“大圆镜智”，不妄不愚，圆满真实。

《八识规矩颂》是学习八识、掌握唯识学基本概念和基本精神的入门手册。玄奘大师作此书主要是从所译之十卷《成唯识论》中择其精要辞简意赅成四十八句颂，方便学唯识者记忆背诵，有系统有组织地理解八识的构造。

经
典

1 大乘百法明门论解 本地分中略录名数

卷上

原典

大者挟[①]小为义，乘者运载得名。名义互言。百，数也。法[②]谓世出世[③]之法。故心法[④]八，心所[⑤]五十有一，色[⑥]乃十一，不相应[⑦]二十有四，无为法[⑧]六，故为大乘百也。明乃菩萨无漏[⑨]之慧，以能破暗[⑩]故。门以开通无壅滞[⑪]为言，论乃拣择性相[⑫]教诫学徒之称。本地分[⑬]中者，乃《瑜伽论》[⑭]五分[⑮]之一。略录名数[⑯]者，于六百六十法[⑰]中，提纲挈领取此百法名件数目。此论主急于为人，而欲学者知要也。

又会六释[⑱]云。大乘[⑲]者，是能诠教[⑳]，唯声名句文[㉑]四法，故劣。百法乃所诠[㉒]事理，通一百法，故胜。将胜就劣，以劣显胜。云大乘之百法，依士释[23]也。

又百法是所缘[24]，乃举全数，故胜。明是能缘[25]之慧，即别境[26]五中之一法尔，故劣。将劣就胜，以胜显劣。云百法之明，依主释[27]也。

又明是能缘，即别境中慧，故劣。门是所缘，通举百法，故胜。将胜就劣，以劣显胜。云明之门，依士释也。又门是所诠事理，乃通指百法，故胜。论是能诠教，唯声名句文，故劣。将劣就胜，以胜显劣。云门之论，依主释也。

又论为体[28]，乃声名句文。门为用[29]，于论上有不壅滞之功能。以体就用，摄用归体。云门即论，持业释[30]也。又论乃体，则取声名句文四法。大乘为用。此论体上有拣小运载二义，故云大乘。以体就用，摄用归体。云大乘即论，持业释也。

又大乘通教理行果[31]，是所诠，故胜。论是能诠，唯教，故劣。将劣就胜，以胜显劣。云大乘之论，依主释也。

又大等六字是所诠，故胜。论是能诠，唯教，故劣。将劣就胜，以胜显劣。云大乘百法明门之论，依主释也。亦可谓带数依主。

又大乘等五字，通一百法属所诠，故胜。门论二字乃能诠，故劣。将劣就胜，以胜显劣。云大乘百法明之门论，依主释也。亦带数依主释也。

又大乘是能诠教体，门论是用。此教体上有妙旨悟入之义门，决择性相教诫学徒，断恶生善之功用，故名论。将体就用，摄用归体。云大乘即门论，持业释也。作十释竟。

北天[32]富娄沙富罗[33]，此云丈夫。国有国师婆罗门，姓娇尸迦[34]。生三子，同名婆薮盘豆[35]，此云天亲。乃帝释[36]之弟毗搜纽[37]天王之后。虽同一名，复有别号[38]。长曰阿僧迦[39]，此云无著[40]，乃菩萨根性[41]。季子[42]别名比邻持跋婆[43]，此云母儿。盖比邻持，此云母；跋婆，云子，亦云儿。中子博学多闻，遍通坟籍[44]，神才俊朗，戒行清白，无与俦匹[45]兄弟皆兼别号故，法师[46]但名婆薮盘豆，不相滥也。依《瑜伽论》，广造诸论，以释大乘。发挥非空非有中道[47]之教。详于旧藏经甚字函《婆薮盘豆传》。

注释

① **拣**：拣择、选择。这里是与……相对而言。

② **法**：主要有两种意思，一是指世间诸种事物、诸种现象；二是指事物的本性或本质。这里的法指世界一切现象。

③ **世出世**：世间与出世间。佛教中的世间是指有生灭变化的世俗世界，比如众生和万物就处于世间之中。出世间是指超越时空生灭的理想世界，佛教称为真如世界。众生修行成佛以后方可入出世间。

④ **心法**：指精神活动的主体或最基本的部分。唯识宗讲百法，总分五类，心法是第一种。心法包括八种心识形式：眼识、耳识、鼻识、舌识、身识、意识、末那识、阿赖耶识。心法亦称心王。

⑤ **心所**：指心相应行法，简称心所法。意思是与心法相应、为心法所属。心法是心所法的主宰，故称心王。心所法包括各种在心法基础之上产生的心理活动。心法与心所法构成人的全部精神活动。

⑥ **色**：这里指色法，包括一切物质现象。是唯识宗五类百法中的第三种。唯识宗所讲的色不是独立于心外的万物，而是内心对万物的感觉或者是感觉中的万物。唯识宗（具有唯心倾向的所有哲学派别均是如此）讲万物（色）是不离意识活动（心识）的。

⑦ **不相应**：即不相应行法，五类百法（五位百法）的第四种。所谓“不相应”是与心法、心所法、色法皆不相对应。它包括前三种法不能包括的各种现象，或者说它概括了前三种法的相关属性，诸如：时空、语言、事物的流变、和谐性与矛盾性等。

⑧ **无为法**：五位百法中的第五类法。前四类皆是有为法，即世俗世界（世间）中的诸现象；而无为法是真如世界（出世间）的各种境界。无为是指不生不灭、非此非彼、无虚妄造作的清净、永恒。

⑨ **无漏**：圆满无缺、清净无染。漏是指有污染之物漏出。与有漏相对。

⑩ **暗**：佛教常用黑暗比喻愚痴，光明比喻智慧。

⑪ **壅滞**：堵塞、滞碍之物。壅，土堆，比喻堵塞。

⑫ **性相**：本质和现象。“性”指本性，“相”指表象、外观、现象。两者是佛学中极重要的概念。

⑬ **本地分**：《瑜伽师地论》（弥勒著）中的第一部分。《瑜伽师地论》是唯识宗的重要经典，该书包括五个部分：本地分、摄抉择分、摄释分、摄异门分、摄事分。佛教经论中称章、节为分、品等。

⑭ **瑜伽论**：即《瑜伽师地论》，弥勒著。唯识宗有六经十一论之说，十一论——分一本论十支论。此论就是十一论中的本论。

⑮ **五分**：《瑜伽师地论》的五个部分。参见注 ⑬“本地分”。

⑯ **名数**：一定数量的名称或概念。这里指对世界各种现象的抽象概括。《瑜伽师地论》中把世界诸现象概括成六百六十种，称六百六十法。

⑰ **六百六十法**：即六百六十个概括世间现象的概念。例如“色法”（物质现象）中有视觉对象“色”；色又分显色、表色、形色；显色包括光影明暗、云尘烟雾等，形色包括长短方圆、大小正斜等，表色包括伸屈坐卧等。除了物质现象还有精神现象，精神现象又分为心、心所等。这样逐渐细分，最后共有六百六十种“法”。

⑱ **六释**：六种解释复合名词的方法。六释亦称六离合释。离释是把复合名词的每个字分开来解释，合释是把名词中的各个字联系起来解释。共有六种解释方法：（一）持业释，由事物的功用来命名事物的方法。（二）依主释，亦称依士释，是由各个字的主次关系来解释名词的构成。（三）有财释，由事物具有或占有某种东西而得名，如病人有病而被称为“病人”。（四）相违释，指复合名词中包含意义相反的字，如黑白、上下等。（五）相邻释，取相近义的字来命名，如用“念处”名“慧”。（六）带数释，带有数量词的名称，如“三界”“六度”等。

⑲ **大乘**：佛教中的一个重要流派，相对于小乘而言。乘是用车运载的意思，引申为引渡众生脱离苦海。小乘讲个人解脱，大乘则宣扬大慈大悲、众生普度。小乘佛教是大乘佛教对原始佛教和部派佛教的贬称。

⑳ **能诠教**：能够解释事理的教义或教派。诠是解释。能诠与所诠相对。

㉑ **声名句文**：分别是声、名身、句身、文身，各指言语之声、名称词、句子、字母或文字。它们是语言现象四要素，也是百法不相应行法中的四法。

㉒ **所诠**：解释的结果，即事理。与“能诠”相对。参见注⑳“能诠教”。

㉓ **依士释**：即依主释。参见注⑱“六释”。

㉔ **所缘**：认识对象。缘，条件、依据。

㉕ **能缘**：认识能力，与“所缘”相对。

㉖ **别境**：心所法中的一种。心所法共分六类，分别是遍行、别境、善、烦恼、随烦恼、不定。别境心所是指产生于特别场合条件下的心理活动。

㉗ **依主释**：六释中的一种，参见注⑱“六释”。

㉘ **体**：事物本身。是中国传统哲学中的重要范畴，与“用”相对。比如茶杯是体，能装水是茶杯之用。刀刃是体，锋利能砍是用。体与用的关系相当于“结构”与功能。用不离体，体不离用。

㉙ **用**：效用、功能。与“体”相对。参见前注。

㉚ **持业释**：六释中的一种，参见注⑱“六释”。

㉛ **行果**：修行的结果。与“教理”相对。

㉜ **北天**：即印度古称。

㉝ **富娄沙富罗**：印度国名的梵文音译，意译是“丈夫”。

㉞ **娇尸迦**：姓名梵文音译。

㉟ **婆薮盘豆**：姓名梵文音译，意思是“天王的亲属”，简译为“天亲”。

㊱ **帝释**：天帝的姓名，是佛教传说中的护法神之一。也叫“帝释天”。

㊲ **毗搜纽**：天王的姓名。

㊳ **别号**：另外一种名字。即除了原来的姓名以外而另设的称呼。

㊴ **阿僧迦**：梵文音译，意思是“无所执着”，简译为“无著”。

㊵ **无著**：三个“天亲”中的老大，是印度大乘佛教瑜伽行派的创始人。无著从弥勒菩萨学习《瑜伽师地论》，后著书阐扬大乘学说，主要有《摄大乘论》《显扬圣教论》《大乘阿毗达摩集论》等。

㊶ **根性**：固有的特性或根本特性。

㊷ **季子**：第三个儿子。第三名“季”。

㊸ **比邻持跋婆**：梵文姓名音译。“比邻持”意译是母亲；“跋婆”意译是儿子。合称“母之子”。

㊹ **坟籍**：佛教各种典籍。

㊺ **俦匹**：相比配、相当。

㊻ **法师**：对有学识高僧的尊称。可以理解成“精通佛法的大师”。

㊼ **非空非有中道**：只讲“空”和只讲“有”，都是偏于一端。真正的佛法应该是讲“法我非有”而“真如非无”，即众生万物是空非有，真如世界是有非空。这就是所谓“非空非有中道”。不偏不倚是中，中道才是真正正确的道理。

译文

大是对小而言，乘是用车运载，百是一百之数，法是世间和出世间的一切现象。此论之中，有心法八种，心所法五十一种，色法十一种，不相应行法二十四种，无为法六种，共计大乘百法。明是指菩萨清净圆满的智慧能破除众生的暗昧愚痴。门比喻打通堵塞，通达智慧之路。论是指通过讲解事物诸法的现象和本性来教诫佛徒。附标题中的“本地分”是《瑜伽师地论》的五分之一（《瑜伽师地论》分五大章节称五分，分别是本地分、摄抉择分、摄释分、摄异门分、摄事分）。略录名数是指从“本地分”罗列的六百六十法中，提纲挈领地选取一百法，以选择要略，开启学习佛法的方便之门。（以上是逐字分别解释，佛教称“离释”）

对此题目，还可以从佛教的六释方法作进一步的解释。所谓“六释”即是六种把字、词结合起来解释语句表达式的方法（其中包括持业释、依主释或依士释、有财释、相违释、相邻释、带数释，亦称“六种合释”，与“离释”相对）。

“大乘”是表达事理的一种佛教教派，大乘义理由话语、文字、句子、文章构成，是劣的一面。“百法”是大乘事理本身，贯通一切现象，是胜的一面。大乘、百法二词并用，是将胜就劣，以劣显胜。这是运用“依士释”的方法来解释二词的主次关系。

“百法”是被认识的对象，涉及一切现象，是胜的一面。“明”是认识的功能，只是百法之中别境心所的智慧法，是劣的一面。百法、明二词并用，是将劣就胜，以胜显劣。这是用“依士释”的方法来解释二词的主次关系。

“明”能缘之慧破除黑暗，只是百法之一，属劣的一面。“门”是通达百法义理的必由之路，涉及一切法，属胜的一面。明、门二词并用，是将胜就劣，以劣显胜。这也是运用“依士释”的方法。“门”是认识的结果，通指百法，是胜的一面。“论”是诠释义理的语言手段，表现为话语、文字、句子、文章四种现象，是劣的一面。门、论二词并用，是将劣就胜，以胜显劣。也是“依士释”的方法。

“门”有破除障碍、通达义理的功用；又有“论”才有门的功用。门、论并用亦可称“以体就用”，“摄用归体”。说大乘就是一种“论”，是因为大乘的功用即是论说事理。这是用“持业释”的方法，从二词的体用关系上来解释。

“大乘”涉及大乘佛教的义理、修行、果位，是认识的结果，属胜的一面。“论”是能说明事理的一种理论，属劣的一面。大乘、论二词合用，是将劣就胜，以胜显劣。这是“依士释”的方法。

“大乘百法明门”六字是义理本身，“论”是论说义理。前者为胜，后者劣。前六字与后一字合用，是将劣就胜，以胜显劣。是“依士释”（也可称带数依士）的方法。

“大乘”是教义本身即教体，“门论”是指大乘教体的功用。此教体对宇宙人生之真谛有所妙悟，并通过说明事物的本性和现象来教诫学佛的门徒，有断恶生善的功用。大乘、门论二词合用，是将体就用，摄用归体。说大乘即表现于门论，是用“持业释”的方法来解释二词的体用关系。（以上是用六释法从十个方面来解释“大乘百法明门论”）

（次解作者，佛教称“论主”）北印度有一个富娄沙富罗国，富娄沙富罗的意译是“丈夫”。该国有位国师，姓娇尸迦。国师有三个儿子，名字都是婆薮盘豆，意译是“天亲”，意思是天王的亲属，因为他们是帝释之弟毗搜纽天王的后代。三个儿子，虽然同名，却有各自的“别号”。长子叫阿僧迦，是无所贪着的意思，意译为“无著”。最小的儿子叫比邻持跋婆，意译为“母亲之子”，比邻持是母亲，跋婆是子女或儿子。居中的儿子神才俊朗，博学多闻，遍通所有佛典。当时，无人能与他相比。我们只称他为天亲，以免与无著、母亲之子相混淆。天亲菩萨依据佛教重要经典《瑜伽师地论》，广泛著书，宣扬大乘佛学，发挥非空非有的大乘中道学说。

原典

如世尊[①]言：一切法无我[②]。

如世尊言，原为佛说[③]，乃论主[④]推尊法有所自。一切法等者，总标百法及二无我，以为宗旨，乃一论之纲领也。若究所宗，总一代圣教[⑤]浅深为次，分而为八。

一、我法俱有宗[⑥]。此宗摄二十部[⑦]五部之义，谓犊子部[⑧]、法上部[⑨]、贤胄部[⑩]、正量部[⑪]、密林山部[⑫]，或亦取经部[⑬]根本一分[⑭]之义。

二、法有我无宗[15]。摄三部全，谓一切有部[16]、雪山部[17]、多闻部[18]，更兼化地部[19]末计一分[20]之义。

三、法无去来宗[21]。摄七全部，谓大众部[22]、鸡胤部[23]、制多山部[24]、西山住部[25]、北山住部[26]、法藏部[27]、饮光部[28]，兼取化地部根本一分之义。

四、现通假实宗[29]。摄说假部[30]全，末经部一分之义[31]。此上四宗唯为小乘[32]。

五、俗妄真实宗[33]，即说出世部[34]。

六、诸法但名宗[35]，即一说部[36]。此二通于大小乘。

七、胜义俱空宗[37]。

八、应理圆实宗[38]。后二唯大。

此论旨趣即第八宗，于深密三时[39]，乃第三时也。言三时者，初四阿含[40]言有，第二时八部般若[41]言空，第三时即《解深密经》空有双彰中道教也。

何等一切法？云何为无我？

问有五种，谓利乐有情问[42]、不解问[43]、愚痴问[44]、试验问[45]、轻触问[46]。此即利乐有情问也。

注释

① **世尊**：佛陀释迦牟尼的尊称。

② **无我**：没有执着。包括“人无我”和“法无我”

两种。“人无我”，是指众生自我是假，无须执着；“法无我”，是指世间万物是假，无须执着。达到二无我的境界，即是破除了“我法二执”。破掉“我法二执”，即是破掉了凡夫俗子对“自己”或“外物”的贪欲，而得到内心的清净。在佛教中，内心清净不仅是一种心理状态，而且是一种具有高智慧的生存方式。

③ **佛说**：佛陀所说。在佛教经论中，为了提高书中所说义理的权威性，常称其为佛陀所说。佛说即是真谛。

④ **论主**：《大乘百法明门论》的作者，即世亲。

⑤ **一代圣教**：即佛教。

⑥ **我法俱有宗**：八宗之一，主张众生自我（我）与世间万物（法）都是实有非假，所以名为“我法俱有宗”。

⑦ **二十部**：佛陀涅槃以后，佛教内部发生分裂。佛教从原始佛教过渡到部派佛教时期。先是分裂成“大众”“上座”二部；然后“大众”分成八部，“上座”分成十部，共计小乘二十部。另有小乘十八部的说法，即由“大众”分成五部，“上座”分成十一部，共计十八部。

⑧ **犊子部**：小乘二十部之一，属于上座部。佛陀涅槃后三百年，从说一切有部中分出。传说部主是“犊”姓，故而得名。该部主张把一切事物分为“过去”“未来”“现在”“无为”“不可说”等“五藏”。以

为都是实有不假。

⑨ **法上部**：小乘二十部之一，属于上座部。佛陀涅槃后三百年从犊子部中分出，教义与犊子部相似。参见注⑧。

⑩ **贤胄部**：小乘二十部之一，属于上座部。佛陀涅槃后三百年，从犊子部中分出，教义与犊子部相似，因部主得名。参见注⑧。

⑪ **正量部**：也是从犊子部中分出。正量是指正确的理论。参见前注。

⑫ **密林山部**：也是从犊子部中分出，因部主住处得名。参见前注。

⑬ **经部**：亦称经量部。佛陀涅槃后四百年，从说一切有部中分出。此部以阿含经为标准（量）来建立学说，所以称经量部。它反对说一切有部的三世实有说，承认一种"细意识"的根本存在，在理论上对大乘唯识学派有很大影响。

⑭ **根本一分**：承认"细意识"的根本存在，是经量部的教义。"一分"，是指细分的意识，即"细意识"。经量部认为，在前六识（眼、耳、鼻、舌、身、意）以外还存在一种细密相续的意识。参见前注。

⑮ **法有我无宗**：八宗之一。此宗的主要思想是众生自我是虚假不实的，而世间万物（法）则是实有不虚

的。所以称“法”有“我”无宗。

⑯ **一切有部**：简称有部。佛陀涅槃后三百年初，从上座部中分出。在小乘二十部中，此部是较具代表性的部派。《阿毗达摩大毗婆沙论》是该派的经典著作。此部的教义主要是：（一）一切法即一切现象都是实有；（二）一切时都是实有，即过去、现在、未来的事物都有实体。

⑰ **雪山部**：佛陀涅槃后三百年，从上座部中分裂出说一切有部，原上座部改名为雪山部，因部主住处得名。雪山部与有部的教义相似。

⑱ **多闻部**：小乘二十部之一。佛陀涅槃后二百年，从大众部中分出。传说部主从佛陀那里听闻不少奥义，故而得名。主要教义是：（一）只承认现实是实有，过去和将来都是虚幻。（二）有九种无为法，即九种清净、真如的境界。（三）心性本来清净，人人有解脱的可能。（四）佛陀是离情绝欲，威力无边的。

⑲ **化地部**：佛陀涅槃后三百年，从说一切有部中分出。据传部主原是一位国王，“化地”即是教化国土的意思。教义与说一切有部相近。参见注⑯。

⑳ **末计一分**：否认“细意识”的独立存在，认为“细意识”只是第六意识的细密状态或主观分析，而不是一种另外独立存在的意识形式。是化地部的教义。参

见注⑭。

㉑ **法无去来宗**：八宗之一。此宗主要主张过去和未来的事物都是虚幻不实。去来，过去和未来。

㉒ **大众部**：佛陀涅槃后一百年，大天比丘提出五条教义后，产生赞成之革新派比丘，与反对派产生抗争，前者遂结成大众部，后者则结成上座部。大众部从原始佛教中分裂出来，因其面向广大众生而得名。其教义与多闻部相近。参见注⑱。

㉓ **鸡胤部**：佛陀涅槃后二百年，从大众部中分出。传说创始人是鸡的后代，故而得名。教义与大众部相近。参见注⑱。

㉔ **制多山部**：同上。因部主住制多山而得名。

㉕ **西山住部**：同上。因部主住制多山西方而得名。

㉖ **北山住部**：同上。因部主住制多山北方而得名。

㉗ **法藏部**：佛陀涅槃后三百年，从化地部中分出。因部主姓名而得名。教义与化地部相近。参见注⑲。

㉘ **饮光部**：佛陀涅槃后三百年，从说一切有部中分出。传说部主是古代仙人饮光的后代，故而得名。教义与法藏部略同。参见上注。

㉙ **现通假实宗**：八宗之一。主张现在的事物可能是虚幻假有，也可能是实有。

㉚ **说假部**：佛陀涅槃后二百年，从大众部中分出。

因其主张世间、出世间法皆是虚假不实而得名。教义与大众部相近。参见注⑱。

㉛ **末经部一分之义**：应为“经部末计一分之义”。经部，即经量部。参见注⑬。

㉜ **小乘**：佛教教派之一，与大乘相对。小乘佛教的主要观点是：（一）个人修行解脱，（二）众生自我是假，世间万物却是实有。小乘佛教包括原始佛教和部派佛教。参见前文注⑲“大乘”。

㉝ **俗妄真实宗**：八宗之一。因主张世俗（世间）是虚幻，超世俗（出世间）是真实而得名。

㉞ **说出世部**：佛陀涅槃后二百年，从大众部中分出。因注重出世间法而得名。教义与大众部相近。参见注⑱。

㉟ **诸法但名宗**：八宗之一。因主张世间法只是一个虚假的名称并非实有而得名。

㊱ **一说部**：佛陀涅槃后二百年，从大众部中分出。说，即言语、名称。一说，只有名称，即只有假名的意思。此部主张一切事物只有假名，并无实体。其他教义与大众部相近。参见注⑱。

㊲ **胜义俱空宗**：八宗之一。因主张一切事物皆是空幻而得名。胜义，真理、真谛。

㊳ **应理圆实宗**：八宗之一。因自称表达了圆满无

缺的真理而得名。前七宗不是讲有，就是讲空；只有此第八宗才是讲“非空非有”的中道。“中道”成为表达圆满义理的重要方法。

㊴ **深密三时**：佛教发展的第三时期，即解深密经时期。深密，即《解深密经》，是唯识宗的重要经典之一。唯识宗的主要经典有六经十一论，《解深密经》属于六经之一。此书主要论述阿赖耶识、唯识无境、三性三无性的学说。深密是比喻佛法的深奥玄妙。

㊵ **四阿含**：指汉译的四部阿含经，包括《长阿含经》《中阿含经》《杂阿含经》和《增一阿含经》。“阿含”的意译是“经典的集说”。四部阿含经是早期佛典教义的结集，主要内容是四圣谛、八正道、十二因缘、五蕴、四禅、因果报应、生死轮回等小乘基本教义。

㊶ **八部般若**：指八部般若空宗的经典，它们是《大品般若》《放光般若》《光赞般若》《道行般若》《小品般若》《天王问般若》《文殊般若》《金刚般若》。另有五部般若的说法，除了上述的《金刚》《天王问》《光赞》三部以外，还有《摩诃般若》和《仁王般若》。般若，全称是“般若波罗蜜多”，意译是“智慧”。般若空宗主张诸法性空，没有实体，所以称大乘空宗。

㊷ **利乐有情问**：五种问难方式之一，为帮助众生进一步了解佛法而问。利乐，使……得利乐。有情，有

情感、生命的众生。

㊸ **不解问**：五问之一，因不理解而问。

㊹ **愚痴问**：五问之一，因愚痴而问。

㊺ **试验问**：五问之一，为试验而问。

㊻ **轻触问**：五问之一，为使自己有如飞的感觉而问。

译文

如世尊言：一切法无我。

如世尊言是佛陀所说，这是论主追溯佛法真谛的来源。一切法无我，是百法和两种无我的总称，也是该论的宗旨或纲领。若要推究此论属于佛教什么宗派，应先知佛教有八宗之分。总括全部圣教，按由浅入深的层次，共分八个宗派。

第一我法俱有宗（众生和万物都是实有）。此宗包括小乘二十部中犊子部、法上部、贤胄部、正量部、密林山部等五部的义理，亦通经量部“根本一分”（承认“细意识”的独立存在）的教义。

第二法有我无宗（众生自我是虚幻，世间万物却是实有）。此宗包括小乘二十部中一切有部、雪山部、多闻部三部的义理，亦兼取化地部中“末计一分”（否认“细意识”的独立存在）的教义。

第三法无去来宗（过去事物与未来事物都是虚幻）。此宗包括小乘二十部中大众部、鸡胤部、制多山部、西山住部、北山住部、法藏部、饮光部七部义理，也兼取化地部“根本一分”的义理。

第四现通假实宗（现在事物可以是虚幻，也可以是实有）。包括小乘说假部，兼取经量部“根本一分”的义理。以上四宗都属于小乘佛教。

第五俗妄真实宗（世俗世界是虚妄，真谛世界是真实）。包括小乘二十部中说出世部的义理。

第六诸法但名宗（一切事物只是假名，并不实有），即一说部。五、六二宗贯通大乘与小乘。

第七胜义俱空宗（一切皆是虚无）。

第八应理圆实宗（表现圆满、真实的佛法真谛）。七、八二宗属于大乘佛教。

此论即属于第八宗，亦称为佛教发展第三期。所谓佛教发展三期是指：第一期四阿含经时代。《杂阿含经》《增一阿含经》《中阿含经》《长阿含经》四部原始佛教经典主张众生自我是无，世间万物却是实有。所以，第一期也称“言有期”。第二期八部般若时代。小乘八部（指由大众部分化出来的八个部派）和般若空宗主张世间一切事物皆是空幻。所以，第二期也称“言空期”。第三期解深密经时代。《解深密经》主张众生万物非有、佛法真谛非无的非空非有的中道学说，此期亦称为“中道期”。

何等一切法？云何为无我？

应用于不同的目的，共有五种提问方式。它们分别是：为帮助众生学习佛法而提问的“利乐有情问”；为解疑难而提问的“不解问”；为破愚痴而提问的“愚痴问”；为实践佛法而问的“试验问”；为使自己有飞翔之感而问的“轻触问”。上述二问，是为帮助众生理解佛法而问，属于“利乐有情问”。

原典

一切法者，略有五种。

此总标诸法也。称理[①]言之实有无量，以众生性欲[②]无量。是以《瑜伽》[③]始五识身[④]，历至法界[⑤]六百六十等法。今言五位百法，岂非要略乎？故云略有五种。自此至真如无为[⑥]，总答初问。

一者心法，二者心所有法，三者色法，四者心不相应行法，五者无为法。

心法者，总有六义。一、集起[⑦]名心，唯属第八[⑧]，集诸种子[⑨]起现行[⑩]故。二、积集[⑪]名心，属前七[⑫]，转识[⑬]能薰，积集诸法种故；或集起属前七，转现行共集薰起种故；或积集名心，属于第八含藏，积集诸法种故。三、缘虑名心，俱能缘虑[14]自分境[15]故。四、或名为识，了别[16]义故。五、或名为意[17]，等无间[18]故。六、或第八名心，第七名意，前六名识，斯皆心分[19]也。

言心所有法者，具三义故。一、恒依心起，二、与心相应，三、系属于心。具此三义，名为心所故。要心为依，方得起故。触等恒与心相应故。既云与心相应，盖心不与心自相应故，心非心所故，他性相应非自性[20]故。相应之义有四，谓时[21]、依[22]、所缘[23]及事[24]皆同，乃相应也。触等[24]看与何心生时，便属彼心之触等。故如次为三义也。

色法者，识之所依[26]所缘，乃五根[27]、五境[28]质碍[29]之色。亦名有对色[30]。以能所造八法[31]而成，乃十有色也。无对色即法处色[32]也。

言不相应行法者。行蕴[33]有二：一、相应行，即心所法；二、不相应行，即始自得[34]终至不和合性[35]，二十四法是也。

言无为法者，即不生不灭、无去无来、非彼非此、绝得绝失，简异[36]有为无造作[37]故，名曰无为也。

注释

① **称理**：按照事理。

② **性欲**：指众生的各种心理活动。性，特性或表现方式；欲，指各种精神意识活动。

③ **《瑜伽》**：即《瑜伽师地论》，参见前文注⑭。

④ **五识身**：指眼、耳、鼻、舌、身发出的五种感觉。是《瑜伽师地论》中六百六十法的第一法。识，指精神活动的一种形式，相当于"认识活动"。

⑤ **法界**：一切现象的本源和本质。"法界"是很重要的佛教概念，一般有三种解释：（一）意识所缘虑的对象，（二）一切事物的总称，（三）现象的本质和本源。这里的"法界"是《瑜伽师地论》中六百六十法的最后一法。

⑥ **真如无为**：无为清净的最高境界。此法是"无为法"中的最后一种，亦是"百法"的最后一种。真如，真实、真理。

⑦ **集起**：集藏万事万物的种子，从而引起现实事物的产生。这是阿赖耶识的功能。集是聚集，起是引起。

⑧ **第八**：指心法中的第八种识阿赖耶识。

⑨ **种子**：一切事物得以产生的根源，或产生某种事物的动因功能。是从动植物种子的生长功能中引喻而

得。一切事物得以产生皆有一主要的根据，即种子。唯识宗认为，一切事物的种子皆含藏在阿赖耶识之中。种子分本有和新薰两种，前者是无始来（从来）就有，后者是众生行为影响感染（薰习）的结果。本有种子又称无漏（无污染）种子，新薰种子又称有漏（有污染）种子。

⑩ **现行**：由潜在的种子变成现实的事物。这也是阿赖耶识的功能。

⑪ **积集**：积聚、聚集。这里指阿赖耶识含藏、积聚着一切事物的种子。

⑫ **前七**：指心法八识中的前七识。它们是眼、耳、鼻、舌、身、意、末那。

⑬ **转识**：谓前七识以阿赖耶识为所依，缘色、声等诸境而转起，能转苦、乐、舌三受，转变善、恶、无记三性，故称七转识。即前七识。唯识宗把第八识阿赖耶识称为本识，把前七识称为转识。意谓前七识是由本识转生的末识。

⑭ **缘虑**：对某事物的思虑。缘是依据某事物，虑是思虑。

⑮ **自分境**：指思维的对象。唯识宗认为，思维的对象离不开思维本身。自分，思维自身变化出来的思维对象。境指思维对象。

⑯ **了别**：分别、区别，是思维的功能。唯识宗所

讲的识、了别、缘虑，基本上是同义的。

⑰ **意**：意识，指不间断的意念活动。

⑱ **等无间**：连续不断。

⑲ **心分**："心"的不同方面。分，指一个整体事物的不同部分或不同方面。这里指心、意、识是"心"的不同方面。

⑳ **自性**：完全独立而属于自身的本性。唯识家多称为自相。即诸法各具有真实不变、清纯无杂之个性，称为自性。

㉑ **时**：事件发生的时间。

㉒ **依**：事件的根据。依，依据、标准。

㉓ **所缘**：思维的对象，与能缘相对。

㉔ **事**：事件的内容。

㉕ **触等**：指心所法。"触"是遍行心所法中的第一种，意思是思维接触对象。

㉖ **所依**：为"能依"之对称。和依他起性相应之诸识。

㉗ **五根**：指眼、耳、鼻、舌、身五种感觉器官。根是能生长的意思，五官能产生出五种感觉，故称五根。

㉘ **五境**：指五种感觉的外物对象，与五根相对应，分别是：色（颜色等）、声（声音）、香、味、触。

㉙ **质碍**：真如法性的障碍，指一切有生灭变化的

物质现象。

㉚ **有对色**：五根与五境相对应，而且俱是“色”，所以称“有对色”。与“无对色”相对。

㉛ **八法**：指心法八种，即八识。唯识宗认为八识（心法）是一切物质现象（色法）的根源。

㉜ **法处色**：思维或想象中的物质现象。在色法十一种中，唯有“法处色”没有相对应的“色法”，所以称“无对色”。“法处色”共分五种。详见后文注。

㉝ **行蕴**：五蕴之一。五蕴指色、受、想、行、识。蕴，是聚集。五蕴，是个体生命的五个组成部分。行蕴，是指各种思维和意志活动。“行”是佛教中的重要概念，除了作“行蕴”讲而外，还有两种用法：（一）各种心、身的活动，即“造作”。（二）流动与变化，即“迁流”。

㉞ **得**：不相应行法的第一法，意思是获得、成就。

㉟ **不和合性**：不相应行法中的最后一法，意思是互相矛盾、对立而不能和谐。

㊱ **简异**：不同于、区别于。简，指不同、相异。

㊲ **造作**：指具体的行为或活动。佛教认为，有造作就有生灭变化，就悖离了清净佛性。造作即“有为”，与“无为”相对。

译文

一切法者，略有五种。

此句标出一切法共分几种。按道理说，万事万物，诸种现象是无数无量；众生的心理活动也是繁杂多样，无边无际。《瑜伽师地论》中，为解释此无量现象，从“五识身”到“法界”共列出六百六十种事物诸现象的名称。此论只取其中一百法，实是提纲挈领、择取要略。所以，论中说“略”有五种。原文由此开始直到最后对“真如无为”的说明均是对上述“利乐有情问”的解答。

一者心法，二者心所有法，三者色法，四者心不相应行法，五者无为法。

第一心法，具有六方面的含义。一、心集藏一切事物得以产生的动因种子，专称第八阿赖耶识为心。阿赖耶识藏有一切事物的种子，导致万事万物的产生。二、心含藏新薰而成的种子，指第八阿赖耶识；或者心属于前七识的普通识，能薰染第八阿赖耶识形成新的有污染的种子；或指前七识薰染第八阿赖耶识而形成的新薰种子，会在后世中表现相应的果报。三、心指思虑，心可以以“心”自身为思虑对象，也可以以外物为对象。四、心就是识，因为二者都是思虑、能分别对象外物。

五、心是意，指连续无间隔的意识活动。六、第八阿赖耶识专称为“心”，第七末那识专称为“意”，前六识专称为“识”。三者都是心的不同表现而已。

第二心所有法，具有三方面的含义。一、总是随心而起，二、与心相应，三、属心法所有，为心法所主宰。因为上述三方面的含义，所以称心所有法。其中要义是，心所有法（简称心所）一定要根源于心法才能产生。心所有法中最基本的遍行五法“触”“作意”等均与心相应才得生起。所谓与心相应，是心所与心相应，心不与心自身相应。对相应一词可从四个方面加以理解：心与心所的产生在时间、根据（依）、条件（缘）、活动内容等四方面均为一致。“触”（接触外物）等心所法根源于心法八识中何识，就是属于何识的心所法。以上是解说心所法的三种义理。

第三色法，是心法八种识形式的根据和条件。色法中有五根和五境。五根是指能产生识活动的肉体器官（眼、耳、鼻、舌、身），五境是对应于五种感觉识的外境对象（色、声、香、味、触）。五根、五境均是有生灭的物质现象。又因它们彼此对应，也称“有对色”。它们均是四大种（地、水、火、风）的产物。另有一种“无对色”，只是第六意识的思考对象，没有相应的肉体器官，称“法处色”（相当于各类事物的事理）。所以，色法共有十一种。

第四不相应行法。“行”有二种：一是相应行，指与心法相应的心理活动即心所法；二是不相应行，指与心法并不相应的事物性质。不相应行包括从“得”至“不和合性”的二十四种法。

第五无为法。所谓“无为”，是不生不灭，无去无来，非彼非此，绝得绝失。与有为造作相对。没有造作的虚妄作为，没有生灭变化的永恒圆满，即是“无为”。

原典

一者最胜故，二与此相应故，三所现影[1]故，四分位差别[2]故，五所显示故。

言初心法八种，造善造恶，五趣轮转[3]乃至成佛，皆此心也。有为法中，此最胜故，所以先言。言与此相应故者，谓此心所与其心王[4]常相应故。望[5]于心王，此即为劣。先胜后劣，所以次明。

所现影故者，即前色法。谓此色法不能自起[6]，要借前二[7]所变现故。自证[8]虽变，不能亲缘[9]故，置影言简，其见分[10]亦自证变，则非是影。或与自证通为本质故。或简受所引色[11]非识变影。第六[12]缘时以彼为质，质从影摄。前二能变[13]，此为所变。先能后所，故次言之。

分位差别者，言此不相应行不能自起，借前三位差别假立。前三是实[14]，此一为假[15]，所以第四明之。

言所显示者，此第五无为之法，乃有六种。谓此无为体性[16]甚深，若不约事以明，无由彰显故。借前四[17]断染成净[18]之所显示。前四有为，此即无为。先有后无，所以最后明也。

如是次第[19]。

此结答也。由上如是胜劣、能所、实假、有无故，云如是次第。此略结上文，总标五位章门[20]。下乃备列百法名数也。

第一心法，略有八种。

此总标，下别列。

一眼识[21]，二耳识，三鼻识，四舌识，五身识，六意识[22]。

随根[23]立名，具五义故，谓依发属助如[24]。除根发之识，余四皆依根之识等，依主[25]也。根发依士[26]也。虽六识身[27]皆依意[28]转，此随不共意识名依发等，故五识无相滥矣。盖兼未自在位[29]言之尔。或唯依意故名意识。辨识[30]得名，心意非例[31]。

七末那识[32]。

华言[33]意识，如藏识[34]名识即意故。第六意识如眼识名识异意故。然诸圣教恐此滥彼故，于第七但立意名。又以简心之与识，以积集了别劣[35]余识故。或欲显此与彼意识为近所依故。但立意名尔。

八阿赖耶识[36]。

华言藏识，能含藏诸种故。又具三藏[37]义故，谓能藏[38]、所藏[39]、执藏[40]也。与杂染[41]互为缘故，有情执为自内我[42]故。由斯三义，而得藏名。藏即识也。

注释

① **所现影**：指“色法”是“心、心所法”的幻影。

② **分位差别**：指“不相应行法”与“心法”“心所法”“色法”的联系。譬如有甲、乙、丙三人，今取甲之脸相、乙之身材、丙之手足相，而虚构合成一新人之相。新的人相中各有三人的某些特征，称为“分位”；新人之相与原三人之相又不完全相同，称“差别”。

③ **五趣轮转**：五趣，是指众生的五种转世去向，包括天、人、畜生、饿鬼、地狱。众生在五趣之中流转不断，生生灭灭的过程，就是五趣轮转。佛教所谓苦海无边，就是指众生在五趣轮转中不得解脱。

④ **心王**：即心法，因其是心所法的主宰而得名。

⑤ **望**：与……相比较。相望即是相比较。

⑥ **自起**：自己产生自己，而不依赖外在条件。

⑦ **前二**：指五类法的前二种，即心法和心所法。

⑧ **自证**：自证分，相当于认识能力的根据。唯识宗有"四分"说，把意识活动分析成四个方面：相分（意识的对象）、见分（意识的能力）、自证分（意识的结果）、证自证分（自证分的根据）。相分是依见分所变，见分又依据于自证分。色法皆属于自证分的相分。

⑨ **亲缘**：直接感知对象。这里指见分可以亲缘相分，而自证分则不可。

⑩ **见分**：认识主体或认识的能力，与认识的对象（相分）相对。参见注⑧。

⑪ **受所引色**：也称"无表色"。指由身、口、意的作业活动而在身体内部引起的一种无形的物质现象。受，接受佛法戒律。

⑫ **第六**：指八识中的第六意识，即思维。

⑬ **能变**：引起变化的原因或主体，与"所变"相对。所变指变化的结果。

⑭ **实**：真实、实体、真理。

⑮ **假**：大乘佛学的重要概念。对"假"可以从三个方面来理解：（一）无实体是假，比如镜中花、水中月。（二）和合（组合）是假，比如人是五蕴的聚合，所以是假。（三）因缘是假，比如稻米的生长要依赖种

子、水土、肥料、阳光、空气等条件，所以稻米是假。实际上，假即是空。

⑯ **体性**：本性、根性。

⑰ **前四**：指五类法的前四种法，即心法、心所有法、色法、心不相应行法四种。此四种法皆是有为法。

⑱ **断染成净**：这里指前四种有为法是有污染的。去除污染，获得清净，则从有为法过渡到第五类无为法。有为与无为的差别不仅是字面上的造作与清净的差别，而且是污染与清净的差别。

⑲ **次第**：顺序、次序。

⑳ **章门**：章节。

㉑ **眼识**：自第一眼识至第五身识，是心法八识的前五识，相当于视、听、嗅、味、触五种感觉。

㉒ **意识**：心法八识中第六识，相当于思维意识。其功能是了别（分别、区别）对象。此种意识在睡眠时中断。

㉓ **根**：指五根，即五种感觉器官。

㉔ **依发属助如**：分别是依、发、属、助、如，皆指“根”与“识”的关系。依是依据；发是发生；属是属于；助是辅助；如是顺同。

㉕ **依主**：即依主释，六释之一。是一种就字词的主次关系来解释复合名词的方法。如“眼识”被解释成

“依眼之识”，以第一字“眼”为主，即是依主释。如被解释成“眼能生识”，即以第二字“识”为主，就是“依士释”。前字是“主”，后字是“士”。

㉖ **依士**：即依士释，六释之一。与依主释略有不同，参见前注“依主”。

㉗ **六识身**：指八识中的前六识。

㉘ **意**：指第七末那识。

㉙ **自在位**：完全独立而不依赖他物。前六识随第七识的变化而变化，所以处于非自在位。位，位置、姿态。

㉚ **识**：指前六识。

㉛ **心意非例**：心与意不在其中。心指第八阿赖耶识，意指第七末那识。非例，不在已举的例子之中。

㉜ **末那识**：不间断的深细意识，是八识中的第七识。“末那”可以意译成“污染”或“意”。其特点有三：（一）以第八阿赖耶识为存在的根据；（二）以阿赖耶识为“自我”而执着不舍；（三）是前六识染与净的根据。因其对阿赖耶识恒生“思量”，又称为思量识。

㉝ **华言**：即汉语。

㉞ **藏识**：指第八阿赖耶识。

㉟ **劣**：不同于。

㊱ **阿赖耶识**：心法八识中的第八识，意译是“藏识”，别称“种子识”或“异熟识”。该识特点有四：

（一）能藏，能执持一切事物的种子；（二）所藏，能接受前七识的感染、影响（薰习）而形成新薰种子；（三）执藏，被第七末那识执为自我；（四）引起现行果报，主宰众生的生死轮回。前三点合称“三藏”，第四点说明阿赖耶识主宰果报的“异熟”功能。

㊲ **三藏**：即阿赖耶识的三种含藏功能，参见前注。

㊳ **能藏**：三藏之一，参见前注。

㊴ **所藏**：三藏之一，参见同上。

㊵ **执藏**：三藏之一，参见同上。

㊶ **杂染**：指第七末那识。第七末那识执第八阿赖耶识为“自我”，所以引起污染（我见、我痴、我贪、我慢）。故而得此别称。

㊷ **自内我**：自身内部的“我”，即自我。末那识执外物（阿赖耶识）为自内我，所以形成不恰当的“我执”。

译文

一者最胜故，二与此相应故，三所现影故，四分位差别故，五所显示故。

第一心法主宰着众生的善恶因果，五道轮回，直至证果成佛的全部过程。在四种有为法中，自然是心法最为重要，最为根本。所以放在首位。心所有法是随心法而生，因心法而起。心法是主宰，故称“心王”；心所有法是从属，故称“心所”（心王所属）。所以，心法是胜，心所法是劣，先胜后劣。心所法也就列位第二。

“所现影”指的是第三色法。色法不能由自身产生出来，而是由心法、心所法辗转变化而产生。如果从“唯识四分”（认识活动的四个方面：证自证分、自证分、见分、相分）来说，色法等物质现象都是“自证分”的幻影。“自证分”并不直接认识对象，而是作为认识能力（见分）的根据。直接认识对象的“见分”虽以“自证分”为根据，但并不是幻影。“自证分”与“见分”同是认识活动的本质方面。另外，在进行佛教高层修行时出现的各种奇异境象是“受所引色”，不是作为能认识的“见分”。八识中第六意识以“受所引色”为认识对象，此等色法正是第六意识的幻影。前二种心法和心所法是变化的根源（能变），色法是变化的产物（所变）。先有起源，后有结果，所以色法列位第三。

“分位差别”指的是第四不相应行法。不相应行法也不能自我产生，而是前三种法相互关联的产物。所谓“分位差别”，是指各取前三类法的某些属性而合成第四不相应行法。不相应行法也自然列位第四。

“显示”说的是无为法，此法共有六种。无为法作为佛法终极真理是玄妙深奥的，只有在破除了前四种有为法的障碍之后，才能显示出无为法的真正义理。先浅后深，先有后无，因而无为法列位最后。

如是次第。

这是一句结语。由上述胜劣、能所、实假（真实与幻影）、有无的缘故，才有如此的列位次序。“如是次第”是对上文的小结。以上标出五类法的名称，下文则开始具体列出百法。

第一心法，略有八种。

此句略标心法的数量，下文具体列出心法八种。

一眼识，二耳识，三鼻识，四舌识，五身识，六意识。

此六种识形式均是依据得以产生的根源而命名。如眼识是由眼睛才生出的感觉活动。“根”与“识”的关系可从四个方面来理解：根发动识，识依据根，根是识的条件，识属于根。根识二字，如从识依据根来解释，是“依主释”的方法，强调前者为主；如从根能发动识来解释，是“依士释”的方法，强调后者为主。此六种识虽有自身的活动，却都随第七末那识（意）而转变。这种跟随变化不同于前文所说的根与识的依、发关系，而是强调六识的活动并非自在圆满。第六识只以“意”（末那识）为依据，故名意识。所以，虽然说六识皆是依“根”得名，前五识与第六识得名的原因却是不一致的。以上说明前六识所以得名，第七末那识（意）和第八阿赖耶识（心）仍未提及。

七末那识。

第七末那识，汉语意译是不间断的思考，即“意”。“意”也是一种精神意识，可称为“意识”。如同第八识，因为含藏种子即是第八识的功能，所以第八识得名“藏识”。第六意识只是因“意”而起，并不是“意”本身。为了不相混淆，第七识只称“意”。一方面可与第八识名“心”、前六识名“识”区别开来；一方面也显示出第七识“意”是第六意识的根据。

八阿赖耶识。

阿赖耶识也称“藏识”，因为它能含藏万事万物的动因种子。此藏识的含藏功能包括三个方面，称为“三藏”：一、能藏，能含藏一切事物的种子；二、所藏，能接受前七识的薰染而形成新薰种子；三、执藏，被第七末那识执着为“自我”。由此三方面的含藏功能，第八识得名为“藏”。

原典

第二心所有法，略有五十一种，分为六位[①]。一遍行[②]有五，二别境[③]有五，三善[④]有十一，四烦恼[⑤]有六，五随烦恼[⑥]有二十，六不定[⑦]有四。

此举总数以标列章门，下乃随章列名。

言遍行者，遍四[8]一切心得行故。谓三性[9]、八识、九地[10]一切时俱能遍故。言别境者，别别[11]缘境而得生故。所缘之境则有四，乃所乐之境[12]、决定境[13]、曾习境[14]、所观境[15]。各缘不同故云别境。解现下文。言善十一者，唯善心中可得生故。此世他世俱顺益[16]故，性离愆秽[17]胜过恶[18]故。言烦恼者，性是根本烦恼摄故。又能生随惑，名为根本。烦扰也，恼乱也，扰乱有情恒处生死也。言随烦恼者，随他根本烦恼分位差别等流性[19]故。此亦见下文。言不定者，由不同前五位心所，于善染等皆不定故。非如触等定遍心故，非如欲等定遍地[20]故。不立定名也。

一遍行五者。

此别标，下列名。

一作意[21]，二触[22]，三受[23]，四想[24]，五思[25]。

言作意者，谓警觉应起心种[26]为性[27]，引心令趣自境[28]为业[29]。触者，令心心所[30]触境为性，想受思[31]等所依为业。受者，领纳顺、违、俱非境[32]相为性，起欲为业。能起合离非[33]二欲故，亦云令心等起欢、戚、舍[34]相。此解词异意同。想，则于境取相[35]为性，施设种种名言[36]为业。谓安立自境分齐[37]故，方能随起种种名言。思，则于境取相为性，于善品等役心为业。为能取境正因等相，驱役自心能造善等。

二别境五者。

此别标，下列名。

一欲[38]，二胜解[39]，三念[40]，四三么地[41]，五慧[42]。

言欲者，于所乐境希望为性，勤依[43]为业。胜解者，于决定境印持[44]为性，不可引转为业。谓邪正等教理证力于所取境，审决印持由此异缘[45]，不能引转故。若犹豫境胜解全无。胜即是解。念者，于曾习境令心明记不忘为性，定依[46]为业。谓数[47]忆持曾所受境，而不忘失，能引定故。三么地者，此云等持[48]。于所观境令心专注不散为性，智依[49]为业。谓得、失、俱非[50]境中，由定令心专注不散，依斯便有决定智[51]生。心专注言显，所欲住即便能住，非唯一境。不尔，见道历观，诸谛前后境别，应无等持也。言慧者，于所观境拣择[52]为性，断疑为业。谓观得、失、俱非境中，由慧推求得决定故。上言解现下文者，义在此尔。益得其详，请阅《成唯识》第五卷。

注释

① **六位**：六类、六种。

② **遍行**：指遍行心所。因其遍三界九地、遍八识、遍三性故曰遍行。

③ **别境**：指别境心所，因其心所法有一定的对象（境）而得名。别，分别、各别。

④ **善**：指善心所。因其利于修行、顺益佛法而得名。

⑤ **烦恼**：指烦恼心所，是六个根本烦恼法。以此为基础又可产生各种随烦恼法。所谓“烦恼”是指障碍成佛修行的不良心理，亦称“惑”。

⑥ **随烦恼**：指随烦恼心所，依据根本烦恼而起。亦称“随惑”。

⑦ **不定**：指不定心所，善、恶、无记等尚未定。

⑧“遍四”，应作“遍于”。

⑨ **三性**：指善、恶、无记三种特性。无记，即无善无恶。无记又分“有覆无记”与“无覆无记”两种。前者有烦恼隐覆，后者没有。

⑩ **九地**：指俗世间（三界）的九个生存层次或修行层次。分别是欲界一地，色界四地和无色界四地。欲界一地，是“五趣杂居地”；色界四地，即四禅天的境界，包括离生喜乐地、定生喜乐地、离喜妙乐地、舍念清净地；无色界四地，即四空天的境界，包括空无边处、识无边处、无所有处、非想非非想处。超出“三界”，就是超出“九地”，等于成佛。

⑪ **别别**：分别、各别。

⑫ **所乐之境**：心对此境而生喜乐。

⑬ **决定境**：心对此境有所抉择、决定。

⑭ **曾习境**：曾经接触并仍有记忆的外境对象。

⑮ **所观境**：意识观察的对象。

⑯ **顺益**：有利于、有助于。

⑰ **愆秽**：罪过、污染。泛指不利佛法的行为和心理。

⑱ **过恶**：过错、罪恶。参见前注。

⑲ **等流性**：指性质相同。等流，即因与果的性质相同。

⑳ “遍地”，疑为“别境”。

㉑ **作意**：遍行心所，指引起心的警觉，使心趋向它的认识对象。

㉒ **触**：遍行心所，指意识接触到外境对象。

㉓ **受**：遍行心所，指接受各种境遇而产生快乐、痛苦等情感。

㉔ **想**：遍行心所，指运用名言概念来思考事物。

㉕ **思**：遍行心所，指在思考的引导下做出善、恶等各种行为。

㉖ **心种**：心中（阿赖耶识）所藏的种子。

㉗ **性**：本性、本质。与下文中的业（功用）相对。

㉘ **自境**：认识对象。佛教唯识宗认为，认识对象（境）是认识活动自身的变现，所以称“自境”。

㉙ **业**：活动、功用。与上文的“性”相对，参见

注㉗。

㉚ **心心所**：心法和心所法的简称。

㉛ **想受思**：指想、受、思三个遍行心所。

㉜ **顺、违、俱非境**：指顺境、逆境、非顺非逆境，心遇此三境而产生出欢乐、痛苦、非乐非苦的清净三种情感。

㉝ **合离非**：指合、离、非，即迎合、背离、非合非离三种心理状态。

㉞ **欢、戚、舍**：指欢乐、痛苦、清净三种情绪。戚是痛苦，舍是安宁。

㉟ **于境取相**：通过观察和思考对象（境）而获得（取）一定的认识（相）。相，指表象、相状、显现。

㊱ **名言**：名称和言词。泛指语言和概念。

㊲ **分齐**：差别和一致。分是相异，齐是相同。

㊳ **欲**：别境心所，指对于可乐的外境生起希望之性，并辛勤追求。

㊴ **胜解**：别境心所，指对某事物稳定成熟的见解。

㊵ **念**：别境心所，指对曾经接触过的环境明记不忘。

㊶ **三么地**：别境心所，意译为“定”，指专注、安定。

㊷ **慧**：别境心所，指通达事理，没有疑惑。

㊸ **勤依**：勤奋行为的根源。依是根源，勤是力行。心有欲望，才会力行勤做以实现欲望。欲望（欲）是力

行（勤）的根源。

㊹ **印持**：牢记、坚持。印，镌刻于心，比喻深记不忘。

㊺ **异缘**：不是一般的机缘。异，不同凡响。

㊻ **定依**：安定的根源，这里指“念”能生“定”。常常忆念正理，就会心情专注，安定得生。

㊼ **数**：屡屡、经常。

㊽ **等持**：不断的坚持。等，不间断。

㊾ **智依**：智慧的根源，这里指“定”能生“决定智”。佛教认为，能使心情随时专注、安定，就是一种智慧。

㊿ **得、失、俱非**：指得境、失境、非得非失境，相当于顺、逆、俱非三境。

(51) **决定智**：能随时使心情专注的智慧。在佛教中，清净、安宁、专注，不仅是一种心态，而且是一种智慧。

(52) **拣择**：选择分别，相当于“分析”。

译文

第二心所有法，略有五十一种，分为六位。一遍行有五，二别境有五，三善有十一，四烦恼有六，五随烦恼有二十，六不定有四。

此段文字是标出六类心所法的总名称和数目，下文才具体列出各法。

第一“遍行”心所法，是指普遍存在于诸识形式之中的心理活动。通善恶无记三性，通心法八识，也通三界九地。遍行心所法是一切时，一切识活动的基本形式。第二“别境”心所，是指有一定对象性的心理活动。这些识对象（境）可以分成四类：心遇境而产生快乐的“所乐境”，心对此境有所选择的“决定境”，心已熟悉的“曾习境”，正在被观察思考的“所观境”。各种识活动对应于不同的识对象，所以称“别境”。第三“善”心所法十一种，是讲十一种善性心理。所谓善性，是指不管在俗世间还是在出世间都能顺益佛法，利于解脱，远离种种罪过。第四“烦恼”法，是指六种根本烦恼心理。在此根本烦恼的基础上，又能产生其他烦恼心理，称“随烦恼”心法。意思是随根本烦恼而起。烦即是扰，恼即是乱，众生被种种烦恼所纠缠扰乱，而处在生死轮回的无边苦海之中。第五“随烦恼”法，是六大根本烦恼之间相互作用的产物。第六“不定”心所，是指于善于恶、于清净于污染皆不一定的心理活动。“不定”心所既不像“遍行”心所那样普遍存在，也不像“别境”心所那样有一定的识对境。此种心所法的各种特性均不能确定，所以称“不定心法”。

一遍行五者。

此句标出题目，下文则具体列出诸法。

一作意，二触，三受，四想，五思。

一“作意”，是指内心引起警觉，开始趋向它的认识对象。二“触”，是指心、心所等各种识活动接触到各自的外境对象。“触”也是后三种心所“受”“想”“思”的活动基础。三“受”，是指内心对外境的苦乐感受。内心感受顺境、逆境、非顺非逆境而分别产生“乐”“苦”、非苦非乐的“清净”等三种感受。四“想”，是指观察事物的种种现象，选择共同的性质加以命名，施设概念名相。五“思”，也是观察、思考事物的各种现象；但能产生善恶、是非观念，并能支配心、心所等各种识形式作出善、恶等具体行动。

二别境五者。

此句标出题目，下文具体列出诸法。

一欲，二胜解，三念，四三么地，五慧。

一“欲”，是指对于可乐的外境生起希望之性，并辛勤追求。二“胜解”，是指内心对外物现象有一定的见解。比如，正教（合佛法）和邪教（违背佛法）的教理都可以说是一种胜解。如果犹移不定，对事物没有一定的见解，就是“无胜解”。“胜”的意思就是“殊胜的见解”。三“念”，是指对曾经接触过的环境明记不忘。内心每每念及过去的经历；记忆便逐渐固定下来。四“三么地”，是指专注于某个对象，丝毫不分散注意力。如果能够一直坚持这样的清净安定，就会产生出面对外境而不生苦乐情感的清净智慧。此“三么地”就是“定”。由此定，内心就不会随时间的前后、环境的不同而分散注意力。五“慧”，是指对外界事物的思考、分别。“慧”的功用是消除怀疑和偏见。内心种种善恶是非观念，均是由“慧”来选择决定。

原典

三善十一者。

此标章，下别列。

一信[①]，二精进[②]，三惭[③]，四愧[④]，五无贪[⑤]，六无瞋[⑥]，七无痴[⑦]，八轻安[⑧]，九不放逸[⑨]，十行舍[⑩]，十一不害[⑪]。

言信者，于实德[⑫]能深忍乐欲[⑬]，心净为性。对治不信，乐善为业。谓于诸法实事理中，深信忍故；于三宝[⑭]真净德中，深信乐故；于一切世出世善深信有力，能得能成起希望故。此三种信也。言心净为性者，谓此性澄清能净心等，如水清珠[⑮]能清浊水，故云心净为性也。

言精进者，于善恶品[16]修断[17]事中，勇悍为性。对治懈怠，满善[18]为业。谓善品修，恶品断。勇表胜进[19]，简诸染法；捍表精纯，简净无记[20]。又云，勇而无怯，悍而无惧。言满善者，圆了[21]善事名为满善。故三根[22]为作善，此名满善，能满彼故。或曰：《唯识论》[23]言精进一法在三根后，《百法》[24]则信后即言，何耶？曰：《唯识》乃立依次第[25]，此乃因依次第[26]。盖信为欲依，欲为勤依故。此信后而便言勤，勤即精进也。但勤通三性，进唯善性摄也。立依者，谓根依精进立，舍等[27]三所依。四法[28]立理须合说[29]故，三根后方说精进。

言惭者，依自法力[30]崇重贤善为性。对治无惭[31]，止息恶行为业。自法力者，自谓自身，法谓教法[32]。言我如是身，解如是法，敢作诸恶耶？

言愧者，依世间力[33]轻拒暴恶为性。对治无愧[34]，止息恶行为业。世人讥呵[35]名世间力。轻[36]有恶者而不亲，拒恶法业而不作也。

言无贪者，于有有具[37]无著[38]为性。对治贪着，作善为业。言有有具者，上一有字即三有[39]之果，有具即三有之因。

言无瞋者，于苦苦具[40]无恚[41]为性。对治瞋恚，作善为业。言苦苦具者，苦谓三苦[42]，苦具者苦因。

无痴者，于诸事理明解[43]为性。对治愚痴，作善为业。

言轻安者，远离粗重[44]，调畅身心，堪任[45]为性。对治昏沉[46]，转依[47]为业。离重名轻，调畅身心名安。谓此伏除能障定法，令所依止[48]转安适故。言堪任者，有所堪可，有所任受。言转依者，令所依身心去粗重得安隐[49]故。

言不放逸者，精进三根，于所修断[50]防修为性。对治放逸，成满一切世出世善事为业。防修者，于所断恶防令不起，于所修善法修令增长。言精进三根者，此不放逸即四法[51]防修功能，非别有体。或云：信等[52]亦有防修功能，何不依立？曰：余六[53]比四，势用微劣，故不依立。偏何微劣非善根故，非遍策[54]故。

言行舍者，精进三根，令心平等[55]正直无功用住[56]为性。对治掉举[57]，静住为业。言行舍者，乃行蕴中舍，简受蕴舍[58]故。言令心平等等[59]者，由舍令心离昏掉[60]时，初心平等，次心正直，后无功用。此初中后差别之位也。此亦即四法者，离彼四法无别相用矣。何知无别？曰：若能令静即是四法，若所令静[61]即心等故。或曰：既即四法，何须别立？曰：若不别立，隐此能[62]故。

言不害者，于诸有情不为损恼[63]，无瞋为性。能对治害，悲愍[64]为业。谓即无瞋，于有情所不为损恼，假名不害。无瞋翻对断物命瞋，不害但违损恼物害[65]。无瞋与乐，不害拔苦[66]。此二粗相[67]差别，理实无瞋。实有自体，不害依彼。一分假立[68]为显慈悲，二相别故。利乐有情，彼二[69]胜故。

注释

①**信**：善心所，指相信佛法美德。

②**精进**：善心所，指勤奋修行，扬善止恶，直止圆满善业。

③**惭**：善心所，指内心羞惭于过错恶行。

④**愧**：善心所，指愧对于世人的讥讽责骂而拒绝恶行。

⑤**无贪**：善心所，指对世间一切事物没有贪着。亦是三大善根之一，另外两个是无瞋、无痴。

⑥**无瞋**：善心所，指没有瞋怨之心，三大善根之一。瞋是瞋怨、愤怒。

⑦**无痴**：善心所，指明晓事理。三大善根之一。

⑧**轻安**：善心所，指身心顺畅、轻快。

⑨**不放逸**：善心所，指在修行中防止恶念、恶行的出现。

⑩**行舍**：善心所，指平静、安宁。

⑪**不害**：善心所，指不损伤有情众生。

⑫ **实德**：真实的善德。

⑬ **乐欲**：种种爱欲。

⑭ **三宝**：指佛、法、僧。佛是一切佛；法是佛法教义；僧是继承、发扬佛法的僧众。

⑮ **水清珠**：一种宝珠，放入浊水中能使浊水变清。

⑯ **善恶品**：善、恶等行为。品，指品性、行为。

⑰ **修断**：修指修善，断指断恶。

⑱ **满善**：使善业善德圆满。

⑲ **胜进**：不断前进，呈奋勇之势。

⑳ **净无记**：指无覆无记，即没有烦恼隐覆的无记。无记是非善非恶，三性之一。

㉑ **圆了**：使……圆满。了，了却、完成。

㉒ **三根**：指三大善根，即无贪、无瞋、无痴。

㉓ **唯识论**：指《成唯识论》。该论是玄奘根据印度十大论师对《唯识三十颂》（世亲著）的不同解释糅译而成。此译以护法论师的观点为主。

㉔ **百法**：指世亲的《大乘百法明门论》。

㉕ **立依次第**：一种排列诸法（百法）的方法：目标在前，行动在后。这里指三根与精进的关系。

㉖ **因依次第**：一种排列百法次序的方法：因在前，果在后。这里指信、欲、精进三法的关系。

㉗ **舍等**：指轻安、不放逸、行三舍个善心所。此

三心所皆与“精进三根”四心所相关联。

㉘ **四法**：指精进和三大善根。

㉙ **合说**：合乎道理。说，说法、道理。这里指“立依次第”的说法。

㉚ **自法力**：自身的意志力。法是佛法。佛法进入心中而生意志力。

㉛ **无惭**：没有羞恶、耻过之心。是随烦恼心所之一。

㉜ **教法**：佛教教义，即佛法。

㉝ **世间力**：指世人的讥讽、责骂。此类讥责对众生的行为构成外在的压力。

㉞ **无愧**：对世人的讥责不感悔愧。是随烦恼心所之一。

㉟ **讥呵**：讥讽、呵责，即世间力。

㊱ **轻**：轻视、瞧不起。

㊲ **有有具**：是“有”和“有具”的合称。“有”指“三有”，即“三界”。三界包括欲界、色界、无色界。欲界众生溺于食、色之欲；色界众生仍不离世间万物；无色界众生仍不离思虑。所以“三界”泛指世间一切有。“有具”是产生“有执”的根源。具，是资具、原因。

㊳ **无著**：没有贪着。

㊴ **三有**：即三界，参见注㊲。

㊵ **苦苦具**：是“苦”与“苦具”的合称。“苦”是

“三苦”，分别指由苦事而生苦恼的“苦苦”；由乐事而生苦恼的“坏苦”；由一切事物的流转生灭而生苦恼的“行苦”。“苦具”是“三苦”的原因。

㊶ **恚**：忿怒。

㊷ **三苦**：指苦苦、坏苦、行苦。参见注㊵。

㊸ **明解**：明白、理解。

㊹ **粗重**：粗笨、沉重。与轻快相对。

㊺ **堪任**：能够胜任。

㊻ **昏沉**：昏昏沉沉，是随烦恼心所之一。

㊼ **转依**：依据一定的标准而转变。这里指由粗重转向轻安。

㊽ **依止**：目标、依据。止，目的。

㊾“隐”，应作“稳”。

㊿ **修断**：应作“断修”。指断除恶行。

(51) **四法**：指精进和三大善根。

(52) **信等**：指善心所中，除了精进、三大善根、不放逸的其余六种善心所。即下文的“余六”。

(53) **余六**：包括信、惭、愧、轻安、行舍、不害六种善心所法。参见上注(52)。

(54) **遍策**：普遍起作用。策，策动、推动。

(55) **平等**：指没有贪执，不分彼此。佛教所谓“平等智”，就是“无分别智”，即没有虚妄分别。

⑯ **无功用住**：不计较功用得失。住，占住、居有。

⑰ **掉举**：指心意轻浮躁动，是随烦恼心所之一。

⑱ **受蕴舍**：指受蕴（五蕴之一）中的“舍受”。受蕴指领略境界而产生一定的情绪，分乐受、苦受、舍受三种。遇顺境而乐是乐受；遇逆境而苦是苦受；遇非顺非逆境而心情平和是舍受。舍，无苦无乐。这里与“行蕴”舍相对，行蕴中舍是没有造作。

⑲ **平等等**：指上文的平等、正直、无功用住。

⑳ **昏掉**：指“昏沉”和“掉举”。参见注㊻和⑰。

㉑ **所令静**：是心情平静本身，与“能令静”相对。“能令静”是指使心情平静的方法，即精进和三大善根四法。

㉒ **此能**：指使心情平静的功能。

㉓ **损恼**：损伤、使恼怒。

㉔ **悲愍**：哀怜、同情。愍同悯。

㉕ **物害**：损害世间物。

㉖ **拔苦**：去除痛苦。拔，拔除。

㉗ **粗相**：外在的表象、现象。

㉘ **一分假立**：指“不害”法只不过是“无瞋”法的一种表现，并无实体。“不害”法是依“无瞋”假立。假立，没有实体，依他物而立。

㉙ **彼二**：指“无瞋”与“不害”二法。

译文

三善十一者。

此句先标题目，下文才具体列出诸法。

一信，二精进，三惭，四愧，五无贪，六无瞋，七无痴，八轻安，九不放逸，十行舍，十一不害。

一“信”，是指禁止欲望，相信美德，保持心念清净。用于对治不信善德。共有三种信念：（一）是相信禁忍欲望是一种重要的佛法；（二）是相信真实、清净、美德的“佛法僧三宝”；（三）是相信自身有修善成佛的能力。佛教所谓“心净为性”，是指信仰佛法可使心灵纯净安定，就像“水清珠”能使混浊之水变纯变清。

二“精进”，是指毫不畏怯、犹疑，不断地修善止恶。此法可以对治懈怠、自满。在精进过程中，善品渐修，恶品渐断，直至去除一切污染，使内心纯纯净净。精进需勇悍，勇是无怯，悍是无惧。自满是精进修行的最大障碍。佛教认为，达到了无贪、无瞋、无痴三大善根的境界才算是圆满善德，称为“满善”。《成唯识论》中“精进”法是在无贪、无瞋、无痴三大善根之后；此《百法论》中“精进”法即在“信”法之后，列位第二。其间有什么区别呢？《唯识论》中是“立依次第”，《百法论》（本论）中是“因依次第”。所谓“因依次第”，是根据因果顺序而立。有信仰（信）即有希望有欲求，就会勤奋修行以实现此希望。所以本论“信”后即说“勤”。“勤”就是“精进”。“勤”通善、恶、非善非恶三性，而“精进”只是勤修善法，唯通善性。所谓“立依次第”，是按照某种义理来排列顺序。三大善根是“精进”法的方向。先说三根，后说“精进”，相当于先说理论，后说行为。“精进”以后的“轻安”“不放逸”“行舍”三法，皆是以前四法为基础而产生。

三“惭”，是指由“自法力”而崇贤行善。其功用是对恶念恶行心生羞惭，逐渐做到止息恶念恶行。所谓“自法力”，是指来自内心的向善去恶的意志力。此种力量主要来源于对佛法的信仰和领会，所以称作“法力”。具有此种“法力”，一旦心生恶念，便会自惭自责；长此下去，诸种罪过再也不得产生。

四“愧”，是指由“世间力”，而远离恶念，拒绝恶行。其功用是对恶念恶行心生羞耻，而渐渐止息罪过。所谓“世间力”，是指周遭之人的讥讽责骂。做恶之人对此“世间力”心生畏怯，自然会逐渐远离恶念，拒绝恶行。

五“无贪”，是指对“有有具”没有贪欲需求。其功用是对治贪欲，多行善事，造福他人。所谓“有有具”，前一“有”是指“三有”，即是“三界”（欲界、色界、无色界，是众生俗世界的三个层次）；“有具”是指“三有”虚幻世界的根源。凡夫众生以此虚幻世俗世界为真实，而对诸种世间假象有所欲求贪执。此等贪执就是种种过错的根源。

六“无瞋”，是指对“苦苦具”不生瞋怨、愤恨之心。其功用是对治怨愤，多行善事。所谓“苦苦具”，前一“苦”是指“三苦”（人生痛苦的三种形式，由苦事而生的苦苦，由乐事而生的坏苦，由事物变易而引起的行苦），“苦具”是指“三苦”的根源。

七“无痴”，是指明白事理，了解佛法。其功用是对治愚昧，多作善事。

八“轻安”，是指身心轻快调顺而远离粗重。由此“轻安”，即能“堪任”各种艰巨的佛法修行。其功用是对治昏昧沉重，通达清净智慧。所谓“堪任”，是指能承受一切需要承受的任务。所谓“转依”是转舍依得，意谓身心舍去粗重烦恼，转得清净安稳。

九“不放逸”，是指“防修”恶法，“增修”善法，逐步达到无贪、无瞋、无痴三大善根的境界。由此“不放逸”，即能时时提防有悖于佛法的恶念恶行；一旦恶念产生，就随时止息。其功用是对治懒散、放纵，以完成圆满善德。所谓“防修”“增修”，是指防止不良的行为而多行善事。此“不放逸”法依赖“精进”和三大善根四种法而建立，侧重于“防修”功能，因而没有独立的实体。有人问：“信”等心所法也具有防修功能，为什么只说到“不放逸”可依“精进三根”呢？我们认为，除了上述“精进”、三根等四法以外的六种善心所的防修功能十分微弱。因为微弱，就不能在一切时、一切处普遍地发生作用。所以才不提其余善心所的防修功能。这是立主不立次的道理。

十“行舍”，是指内心平等正直，不计较功用得失。用于对治浮躁不安，通达平静专注。此“行舍”法也是根源于“精进”“三善根”等四种善心所而建立。要注意的是，“行舍”是行蕴中的“舍”，而不是受蕴中的“舍”（无苦无乐）。平等、正直、不计功用，正是内心脱离昏扰浮躁的三个层次：先是平静稳定，次是正直无邪，最后是不计功用。“行舍”也是不能离开“精进”“三善根”四法而独立。于四法以外再立“行舍”法，是为了强调心情平静、稳定的无上妙用。

十一“不害”，是指不损害有情众生，也不恕恼有情众生（他人）。其功用是对治损害别人的恶念，强调同情、爱护的善意。“不害”是“无瞋”心所的延伸，依赖“无瞋”而建立，所以也是没有独立自体的假名。

原典

四烦恼六者。

此别标章，下别列名。

一贪[1]，二瞋[2]，三慢[3]，四无明[4]，五疑[5]，六不正见[6]。

言贪者，于有有具染着为性。能障无贪，生苦为业。生苦者，谓由爱力[7]取蕴生故。瞋者，于苦苦具憎恚为性。能障无瞋，不安恶行所依为业。不安者，心怀憎恚多住苦故，所以不安。慢者，恃己于他高举[8]为性。能障不慢，生苦为业。生苦者，谓若有慢，于德有德[9]心不谦下，由此死生轮转[10]无穷受诸苦故。无明者，于诸理事[11]迷暗[12]为性。能障无痴，一切杂染[13]所依为业。杂染所依者，由无明起痴邪定[14]，贪等烦恼随烦恼业，能招后生[15]杂染法故。疑者，于诸谛理[16]犹豫为性。能障不疑，善品为业。障善品者，以犹豫故，善不生也。恶见[17]者，于诸谛理颠倒推度[18]，染慧为性。能障善见，招苦为业。盖恶见者多受苦故。

此见有五，谓身、边、邪、见取、戒禁取[19]也。此六[20]即俱生[21]。若开恶见成十[22]，即分别惑[23]也。又十惑[24]中瞋唯不善，余九皆通有覆、不善[25]。

注释

①**贪**：烦恼心所，指贪欲、执着。亦是三毒之一。三毒，指贪、瞋、痴。

②**瞋**：烦恼心所，指怨恨、忿怒。亦是三毒之一。

③**慢**：烦恼心所，指恃己傲慢。

④**无明**：即“痴”，烦恼心所，指不明事理。亦是三毒之一。

⑤**疑**：烦恼心所，指犹豫不决、半信半解。

⑥**不正见**：亦称“恶见”，烦恼心所之一，指颠倒是非的谬见。

⑦**爱力**：贪欲、追求。是一种执着某物的意志力。

⑧**高举**：自己抬高自己。

⑨**德有德**：是“德”与“有德”的合称。德指佛法善德，有德指有德之人。

⑩**死生轮转**：指众生的五道轮回。

⑪“理事”，应作“事理”。

⑫**迷暗**：愚痴不悟。迷是痴迷，暗是不解。

⑬**杂染**：混杂污染，泛指一切恶念、恶行。杂与纯对，染与净对。

⑭“定”，应作“见”。

⑮**招后生**：招致产生。后是随后。

⑯ **谛理：**真理。

⑰ **恶见：**即“不正见”法。

⑱ **推度：**推理思度。

⑲ **身、边、邪、见取、戒禁取：**指五种“不正见”。身是“身见”，指以为自我是实有的谬见。边是“边见”，指偏于极端的见解。邪是“邪见”，指诽谤善行善法的外道见解。见取，是指对上述三种恶见的偏执。戒禁取，指用错误的戒律、法规来指导修行。

⑳ **此六：**指贪、瞋、痴、慢、身见、边见六种根本烦恼。此六种烦恼被称为“俱生惑”，即与生俱来，不需要外部条件。

㉑ **俱生：**指“俱生惑”六种，参见上注。

㉒ **成十：**指十种根本烦恼。根本烦恼原是六种，如果把其中的“不正见”分为“身见”“边见”等五种，就变成了十种。此十种烦恼被称为“本惑”，与“随惑”（随烦恼心所）相对。

㉓ **分别惑：**由外部条件引起的烦恼，与“俱生惑”相对。十种“本惑”都可以称为“分别惑”，但其中只有六种可以称为“俱生惑”。参见注㉑。

㉔ **十惑：**即十种根本烦恼。参见注㉑。

㉕ **有覆、不善：**有覆，指“有覆无记”，即有烦恼隐覆的非善非恶。不善，指恶。

译文

四烦恼六者。

此句标出总名，下文具体列出诸法。

一贪，二瞋，三慢，四无明，五疑，六不正见。

一“贪”，是指执着虚幻的世俗世界（有有具）。由此贪着而内心污染，痛苦恒生。贪着就有“爱取”，就有欲求，就蕴育了痛苦的根源。二“瞋”，是指对不顺利的遭遇产生种种怨恨和愤怒。一旦心生瞋怨，内心就失去安宁，恶念恶行就会随之产生。内心不能安宁，也是种种过错的根源。三“慢”，是指内心骄傲，总以为自己高于他人。如果为人总是恃己傲慢，那么他对德心德行就不会虚心修养、认真守持，也就不能避免生老病死等诸种痛苦。四“无明”，是指不明事理，不知人生真谛。此法是一切偏见、烦恼的总根源。由“无明”就会导致愚昧、偏见，进而就能产生贪欲、傲慢、瞋怨等恶性心理；于是种种恶念恶行也会随之出现。五“疑”，是指对人生真谛、解脱理想犹豫不决，半信半解。犹豫不决，怀疑善法，自然会妨碍善德善行的进展。六“恶见”，是指颠倒是非、障碍真知的错误见解。有此“恶见”，就有恶念恶行。不断除此“恶见”，众生便不能脱离苦海。

“恶见”分为五种：身见（执自体为有）、边见（执于极端）、邪见（颠倒是非）、见取（执着以上三种错误）、戒禁取（执行错误的戒律和仪规）。前五种烦恼法加上此恶见五种，共是十烦恼。此十烦恼是根本烦恼，称为“本惑”（根本疑惑的简称）。其中贪、瞋、痴、慢、身见、边见六种，是不待外缘，随生即有的“俱生”本惑。这十种本惑也可通称为“分别”本惑。因为它们都可以在一定的环境条件下产生出来。十惑之中，只有“瞋”是不善，其余九惑都有烦恼隐覆的无善无恶（有覆无记）。

卷下

原典

五随烦恼二十。

此别标章，下别列名。

一忿[①]，二恨[②]，三恼[③]，四覆[④]，五诳[⑤]，六谄[⑥]，七憍[⑦]，八害[⑧]，九嫉[⑨]，十悭[⑩]，十一无惭[⑪]，十二无愧[⑫]，十三不信[⑬]，十四懈怠[⑭]，十五放逸[⑮]，十六昏沉[⑯]，十七掉举[⑰]，十八失念[⑱]，十九不正知[⑲]，二十散乱[⑳]。

言忿者，依对现前不饶益境[㉑]愤发[㉒]为性。能障不忿，执仗[23]为业。执仗者，仗谓器仗[24]。怀忿恨者，多发暴恶身表业[25]故。瞋一分摄[26]。恨者，由忿为先，怀恶不舍[27]，结冤为性。能障不恨，热恼[28]为业。热恼者，结恨者不能含忍，恒热恼故。恼者，忿恨为先，追触[29]暴恶恨戾[30]为性。能障不恼，蛆螫[31]为业。言追触等义，谓追往恶[32]，触现违缘[33]。心便恨戾，多发嚣暴[34]、凶鄙[35]言蛆螫他故。此亦瞋分也。覆者，于自作罪恐失利誉[36]，隐藏为性。能障不覆，悔恼为业。言悔恼者，覆罪则后必悔恼不安隐[37]故。贪痴二分。若不惧当苦覆罪者[38]，痴一分摄。若恐失利誉覆罪者，贪一分摄。言诳者，为护[39]利誉矫现[40]有德，诡诈为性。能障不诳，邪命[41]为业。言矫现等，谓矫诳者心怀异谋，多现不实邪命事故。此贪痴分也。

谄者，谓罔他[42]故，矫设异仪谄曲[43]为性。能障不谄，教诲为业。言罔他等义者，谄曲者为罔冒他故。曲顺[44]时宜矫设方便，以取他意。或藏己失，不任师友正教诲故。亦贪痴分也。㤭者，于自盛事[45]深生染着，醉傲[46]为性。能障不㤭，染依[47]为业。言染依义者，㤭醉则生长一切杂染法故。此贪分也。不㤭者，即无贪也。害者，于诸有情心无慈悲，损恼为性。能障不害，逼恼为业。言逼恼之义有害者，逼恼他故。瞋一分摄。若论害与瞋之别义者，害障不害，正障[48]于悲；瞋障无瞋，正障于慈。又瞋能断命[49]，害但损他[50]，此差别也。言嫉者，殉自名利不耐他荣[51]，妒忌为性。能障不嫉，忧戚为业。言忧戚义者，嫉者闻见他劳[52]，深怀忧戚不安隐[53]故。亦瞋分为体。言悭者，耽着[54]法财[55]不能惠舍[56]，秘悋[57]为性。能障不悭，鄙畜[58]为业。亦贪分也。

无惭者，不顾自法[59]轻挥[60]贤善为性。能障于惭，生长恶行为业。言不顾者，谓于自法无所顾者。轻挥[61]贤善不耻过恶[62]，能障碍惭，生长恶行故。无愧者，不顾世间[63]崇重暴恶为性。能障碍愧，生长恶行为业。言不顾世间等义者，谓于世间无所顾者。崇重暴恶不耻过非[64]，能障于愧，生长恶行故。言不信者，于实德能不忍乐欲，心秽为性。能障净心，堕依[65]为业。言堕依者，不信之者多懈怠故。言懈怠者，于善恶品修断[66]事中，懒惰为性。能障精进，增染[67]为业。言增染者，以懈怠者滋长染故。言放逸者，于染净品[68]不能防修，纵荡为性。障不放逸，增恶损善所依为业。此放逸以何为体？曰：懈怠三根。不能防修染净等法，总名放逸。离上四法别无体性[69]。或曰：彼慢疑等[70]亦有此能[71]，何不依立？曰：慢等方四[72]势用微劣故，不依立此之四法。偏何胜余慢[73]等？曰：障三善根，障遍策故。余无此能，所以不胜。

言惛沉者，令心于境无堪任为性。能障轻安毗钵舍那[74]为业。或曰：惛沉与痴何别？曰：痴于境迷暗为性，正障无痴而非瞢董[75]；惛沉于境瞢董为相，正障轻安而非迷暗。故二不同。言掉举者，令心于境不寂静为性，能障行舍奢么他[76]为业。失念者，于诸所缘不能明记为性。能障正念，散乱所依[77]为业。言散乱所依者，失念则心散乱故。此失念者，有云念一分摄，是烦恼相应念故；有云痴一分摄，《瑜伽》[78]说此是痴分故，痴令失念故名失念；有云俱一分摄，由前二文影略[79]说故。不正知者，于所观境谬解[80]为性。能障正知，毁犯[81]为业。毁犯业者，不正知者多毁犯故。此法或云慧一分摄，是烦恼相应慧故；或云痴一分摄，《瑜伽》说此是痴分故，令知不正名不正知；有云俱一分摄，由前二文影略说故。散乱者，令心流荡[82]为性。能障正定，恶慧[83]所依为业。言恶慧所依者，谓散乱者发恶慧故。或曰：散乱、掉举何别？曰：散乱令心易缘[84]，掉举令心易解[85]，是所别相。

前云随其烦恼分位差别、等流性故者，义现此尔。盖忿恨等十[86]并失念、不正知、放逸，此十三法乃根本家[87]差别分位也。若无惭、无愧、掉举、惛沉、散乱、不信、懈怠，此之七法乃根本家等流性故。或云：此七既别有体，何名等流？曰：根本为因，此方生，故名等流也。

注释

①**忿**：随烦恼心所，指对现实逆境的不满和忿怒。

②**恨**：随烦恼心所，指因长期恼怒而蕴结成恨。

③**恼**：随烦恼心所，指由忿恨而渐生粗暴恶行。

④**覆**：随烦恼心所，指唯恐丢掉名誉而隐盖自己的过错。

⑤**诳**：随烦恼心所，指伪装善德，欺骗他人。

⑥**谄**：随烦恼心所，指阿谀奉承，隐瞒事实，欺骗他人。

⑦**憍**：随烦恼心所，指依恃己长，傲慢凌人。

⑧**害**：随烦恼心所，指损伤他人，毫无慈悲。

⑨**嫉**：随烦恼心所，指不能忍受他人的荣耀和成功，而表现为妒忌。

⑩**悭**：随烦恼心所，指迷恋财物，吝啬不舍。

⑪**无惭**：随烦恼心所，指对自己的过错，没有羞惭之心。

⑫**无愧**：随烦恼心所，指不因世人的责骂而对自己的过错感到羞愧。

⑬**不信**：随烦恼心所，指不相信佛法善德而沉溺于乐欲之中。

⑭**懈怠**：随烦恼心所，指懒惰、怠慢而不勤修善法。

⑮ **放逸**：随烦恼心所，指放纵、随意，不能严防恶念恶行的产生。

⑯ **昏沉**：随烦恼心所，指昏昏沉沉，毫不振作，不能承担任何责任。

⑰ **掉举**：随烦恼心所，指心情轻浮、躁动。

⑱ **失念**：随烦恼心所，指对自己的所见所闻没有记忆。

⑲ **不正知**：随烦恼心所，指不正确的认知。

⑳ **散乱**：随烦恼心所，指心情分散、混乱，不能专注、安定。

㉑ **饶益境**：顺利而宽达的境遇。饶，宽广；益，顺益。

㉒ **愤发**：发出愤怒。

㉓ **执仗**：手执杖棒，比喻因忿恨而欲与人争斗。仗同杖，即木棒之物。

㉔ **器仗**：指木杖之类的器物。

㉕ **身表业**：身体的各种动作表现。表，外表、外在表现；业，活动、行为。

㉖ **瞋一分摄**：包含于“瞋”一法之中。摄，包含，这里指义理上的蕴涵。

㉗ **舍**：舍掉、丢弃。

㉘ **热恼**：长期忿恨而异常恼怒。热是夸张忿恨的

程度。

㉙ **追触**：追索、求取。

㉚ **恨戾**：粗暴、不讲理。戾，不讲理。

㉛ **蛆螫**：虫咬，比喻损伤他人。蛆，蝇类幼虫或蜈蚣；螫，虫行毒或害毒。

㉜ **往恶**：过去曾犯的罪恶。往，过去。

㉝ **现违缘**：现在的过错。现，现在；违，违背；缘，善缘、善德。

㉞ **嚣暴**：放肆地乱叫。嚣，乱叫。

㉟ **凶鄙**：凶恶、粗鄙。

㊱ **利誉**：利益、名誉。

㊲ “隐”，应作“稳”。

㊳ **覆罪者**：隐盖罪恶的人。

㊴ “护”，应作“获”。

㊵ **矫现**：伪装。矫，矫饰。

㊶ **邪命**：用不正当的手段来保命，甚至获得利誉。比如，用欺骗手段，诳惑别人，妄求财物以养活自己，即是邪命。邪指非法，命指活命。

㊷ **罔他**：蒙蔽他人。罔，蒙骗。

㊸ **谄曲**：曲阿奉承。曲，指隐盖自己以顺从他人。

㊹ **曲顺**：隐瞒自身真相（曲）以顺从他人。

㊺ **自盛事**：自己的长处。盛，指高于别人。

㊻ **醉傲**：溺于自己的成绩，骄傲自负。醉，陶醉、沉溺。

㊼ **染依**：一切污染的根源。染，污染，指恶念恶行。

㊽ **正障**：恰好相反，恰好背其道而行之。如黑暗正障光明，骄傲正障谦逊。障，障碍、妨碍。

㊾ **断命**：断送自己的佛法修行。这里的命应指合于佛法的生活。

㊿ **损他**：损害他人的佛法修行。

(51) **荣**：荣耀、成就。

(52)“劳”，应作“荣”。

(53)“隐”，应作“稳”。

(54) **耽着**：沉溺贪着。耽，沉溺。

(55) **法财**：泛指一切利益或所得。法，思想和知识；财，财物和名利。

(56) **惠舍**：给他人。惠，帮助他人。

(57) **秘恪**：秘藏恪惜。秘，秘藏。

(58) **鄙畜**：鄙啬蓄积。鄙，鄙啬。

(59) **自法**：即自法力，指自身求善的意志力。

(60)(61) **挥**：应作“拒”，指拒绝。

(62) **过恶**：过错罪恶。

(63) **世间**：即世间力，指世人的讥讽责骂。

⑥④ **过非**：即过错。

⑥⑤ **堕依**：堕落、懈怠的根源。堕，懈怠、堕落。

⑥⑥ **修断**：修，修善；断，断恶。

⑥⑦ **增染**：滋长恶念恶行。增，增加、滋长。

⑥⑧ **染净品**：指善、恶等行为。染，恶、烦恼；净，善、安宁。

⑥⑨ **体性**：实体的性质。体，完全独立、永恒存在谓之体。自性、实体、体等都是同一层次的佛学概念。

⑦⓪ **慢疑等**：指根本烦恼法中的慢、疑等法。

⑦① **此能**：指对防恶修善的障碍能力。

⑦② **方四**：比前四法。方，比较；四，指懈怠和三根四个心所法。

⑦③ **余慢**：其余的心所，诸如“慢”等。

⑦④ **毗钵舍那**：梵文音译，意思是观察、思考。

⑦⑤ **瞢董**：懵懵懂懂，心如死灰。

⑦⑥ **奢么他**：亦音译成“三么地”，即“定”，指安定、专注。

⑦⑦ **散乱所依**：散乱的根源。这里指“失念”法可以产生“散乱”。

⑦⑧ **瑜伽**：指《瑜伽师地论》，是弥勒所著，为唯识宗的重要经典。

⑦⑨ **影略**：简略。

⑧⓪ **谬解**：错误的理解。

⑧① **毁犯**：破坏、侵犯佛教律仪。

⑧② **流荡**：浮躁、放荡。

⑧③ **恶慧**：错误的理智。慧分善恶二种，有助于佛法修行便是善慧，妨碍佛法修行即是恶慧。

⑧④ **易缘**：不断变化意念的对象而不能专注。易指变易、变化；缘是意识的对象。

⑧⑤ **易解**：见解不断变化，没有稳定的认知。

⑧⑥ **忿恨等十**：指从“忿”到“悭”前十种随烦恼心所。

⑧⑦ **根本家**：指六种根本烦恼心所。家，指类、族。

译文

五随烦恼二十。

此句标出总名，下文具体列出诸法。

一忿，二恨，三恼，四覆，五诳，六谄，七憍，八害，九嫉，十悭，十一无惭，十二无愧，十三不信，十四懈怠，十五放逸，十六昏沉，十七掉举，十八失念，十九不正知，二十散乱。

一“忿”，是指对逆境的不满和怨愤。此“忿”是不怒心、清净心的障碍。“忿”心所是从根本烦恼“瞋”

心所中延伸出来。二“恨”，是指先有怨忿，长期心情恶劣而蕴结成“恨”。此“恨”是不恨心、清净心的障碍。所谓“蕴结成恨”，是不能包含、容忍逆境的挫折而长期怨忿的结果。三“恼”，是指先有“忿”“恨”，心情逐渐变得更加粗暴、恶劣。此法是不恼心、清净心的障碍，具体表现为以粗暴的心情伤害别人。人如果长期身处逆境，就会因怨恨恼怒而变得粗暴无理，进而伤害别人。“恼”心所也是从“瞋”心所中延伸出来。四“覆”，是指唯恐丢掉名利荣誉而隐盖自己的罪过，与坦率诚恳相对。因为隐藏罪过，事后常常心生懊悔，所以“覆”心所常常表现为懊悔、恼恨。此法与“贪”“痴”二心所有关联。如果是畏惧逆境而隐藏罪过，“覆”只是“痴”的延伸；如果是唯恐丢失名利荣誉而隐藏罪过，“覆”就只是“贪”的延伸。五“诳”，是指为贪图私利，伪装善良有德，欺骗他人，与坦率诚恳相对。诳骗别人的人总是心怀诡计，毫无诚实，多作罪恶。“诳”是“贪”“痴”二法的延伸。

六“谄”，是指阿谀奉承、隐瞒事实、欺骗他人。一味阿谀奉承的人，总是见风使舵，歪曲事实，伪装自身以取悦他人；或者隐藏过错、不听从师友的善意规劝。“谄”也是“贪”“痴”二法的延伸。七“憍”，是指依赖自己的长处，傲慢凌人，与不憍不躁相对。沉溺于傲慢、自负，就会污染心灵，从而滋生出种种不良的念头和行为。“憍”由“贪”法延伸出来，不“憍”则是无“贪”。八“害”，是指对众生有情毫无同情心，而且常常伤害他人，与慈悲为怀相对。伤“害”他人就会导致他人的恼怒，所以“害”也称为“逼恼”。“害”是从“瞋”法中延伸出来的。其中，“害”与“悲”相对，“瞋”与“慈”相对；“害”只是损害他人，“瞋”却能断送自己的性命，远离解脱的可能。九“嫉”，是指只醉心于自己的名利，不能忍受他人的成功和荣耀，与宽容、含忍相对。好嫉妒的人，见到别人的成功和荣耀，总是忧心不安。“嫉”是从“瞋”法中延伸出来的。十“悭”，是指迷恋财物，不愿有丝毫舍弃，与慷慨相对。“悭”是从“贪”法中延伸出来的。

十一“无惭”，是指不遵守自己曾受教的佛法真谛，轻视贤德，拒绝善行，且对自己的过错不感到羞惭。与知错即改相对。由此“无惭”，恶行会逐渐增长而无可收敛。十二“无愧”，是指对周围社会的批评和指责不感到羞愧，照样暴恶对人。由此“无愧”会滋长出各种恶念恶行。十三“不信”，是指不相信有能解脱众生苦难的智慧和美德。此“不信”是清净心的障碍，堕落心的根源。“不信”佛法美德，就不会修善断恶，就会沉溺于松懈、懒惰之中，内心的污秽和罪恶也会逐渐滋长。十四“懈怠”，是指性情懒惰，不能勤修善法，力除恶行。“懈怠”与“精进”相对，以“增染”为功用。所谓“增染”，是指因“懈怠”而放松修行，心灵的罪过和污秽自然逐渐滋长。十五“放逸”，是指放纵自身，不加约束，与“精进”相对。由此“放逸”，恶念恶行就得不到有效的禁止，就会恶行渐增，善德受损。“放逸”法是从“懈怠”和“三根”四法中延伸出来的。离开此四法，“放逸”就不能成立。“放逸”就是懈怠、懒惰而不勤奋修行以达到“三大善根”的境界，以致断送防染修净的善业。有人于此提出疑问：“慢”“疑”等烦恼法也有障碍防染修净的功能，为什么不说“慢”“疑”等法也是“懈怠”“三根”四法的延伸？我们认为“慢”“疑”等法功用微弱，不如“放逸”法能“懈怠”“三根”，障碍一切善法。所以只强调“放逸”与“懈怠”“三根”的依立关系。

十六“昏沉”，是指昏昏沉沉不能振作，不能承担重责，与轻快、安宁相对。那么“惛沉”与“痴”法有什么区别呢？“痴”是迷暗不明事理，与“无痴”相对；“惛沉”是懵懂不清，与“轻安”相对。十七“掉举”，是指轻浮、躁动，与安宁、清净相对。十八“失念”，是指对自己过去的所见所闻没有记忆，与明记不忘相对。由此“失念”，心思就陷于混乱、浮躁。有人认为，“失念”法是以别境心所“念”为根据，这是从烦恼法与别境法的对应关系来讲。也有人认为，“失念”是以“痴”心所为根据。瑜伽行派的学者就持这种观点：由“痴”才导致“失念”。又有人认为，“失念”是与“念”“痴”二心所皆有关联。十九“不正知”，是指对事理没有正确的认识。由此“不正知”，能导致恶劣的言语和行为以致破坏佛法规仪。有人认为，“不正知”是以“慧”为根据。这也是从烦恼法与别境法的对应关系来讲。“不正知”就是邪“慧”。也有人认为，“不正知”是以“痴”为根据，“不正知”因“痴”而引起。又有人认为“不正知”与“慧”“痴”二心所皆有关联。二十“散乱”，是指心情浮躁、混乱，与安定、清净相对。此“散乱”是恶慧、邪见的根源。有人提出疑问，“散乱”与“掉举”有什么区别？我们认为，“散乱”是内心面对事物变化无常，不能专注、安定；“掉举”是内心对事物没有正确稳定的见解。

此二十种烦恼法与前面的根本烦恼法、善法、别境法的关系可以分成两种：一是“分位假立”，二是“等流果”。随烦恼法中从“忿”到“悭”的前十法以及后面的“失念”“不正知”“放逸”等三法均是从根本烦恼、善、别境心所中延伸出来的，此十三法本身并不独立，所以称“分位假立”。那么，“无惭”“无愧”“掉举”“惛沉”“散乱”“不信”“懈怠”等其余七法是根本烦恼的“等流果”。这是因为有根本烦恼法才有此七法，且此七法与根本烦恼法在性质上属于同类。

原典

六不定四者。

此别标，下列名。

一睡眠[1]，二恶作[2]，三寻[3]，四伺[4]。

睡眠者，令身不自在[5]，昧略[6]为性。障观为业。即毗钵舍那。谓睡眠位身不自在，心极暗劣不门转[7]故。昧简在定[8]，略别寤时[9]令显。睡眠非无体用，有无心位[10]假立此名，如余盖缠心[11]相应故。言恶作者，恶所作业追悔为性，障止[12]为业。即奢么他。此即于果假立因名，先恶所作业[13]，后方追悔故。悔先不作亦恶作摄。如追悔言我先不作，如是事业是我恶作。言有义此二各别有体，与余心所行相别故，随痴相[14]说名世俗有。言寻伺者，寻谓寻求[15]，令心匆遽[16]，于意言境[17]粗转[18]为性；伺谓伺察[19]，令心匆遽，于意言境细转为性。二法业用俱以安不安住身心分位[20]所依为业。谓意言境者，意所取境[21]多依名言，名意言境。或曰：寻伺二法身[22]假为实？曰：并用思之与慧各一分为体，若令心安即是思分[23]，令心不安即是慧分。盖思者徐而细故，慧则急而粗故。是知令安则用思无慧，不安则用慧无思。

若通照大师[24]释有兼正[25]，若正用思则急慧随思，能令心安；若正用慧则徐思随慧，亦令不安。是其并用也。

注释

① **睡眠**：不定心所，指思维微弱、狭隘。因为人在睡眠时，思维十分粗略，不清楚，不自主。

② **恶作**：不定心所，指对自己以前罪恶的追悔。亦称为“悔”。“恶作”是因，“追悔”是果，这里是用因来说明果。

③ **寻**：不定心所，指粗略地思考事物。

④ **伺**：不定心所，指仔细地思考事物。

⑤ **自在**：自己理解自身，自己主宰自身。佛教认为，去掉对他物的依赖或贪执，就能获得自在。自在相当于自由。

⑥ **昧略**：昧，暗昧不清；略，粗略。

⑦ **不门转**：指简单、狭隘。

⑧ **简在定**：疑为“简正定”。简，不同于；正定，清净、安定，正好与暗昧相对。

⑨ **寤时**：睡醒之时。

⑩ **有无心位**：指睡眠状态好比在“有心”和“无心”之间。既不是“有心”清醒，也不是“无心”混沌；却又与二者皆有关联，所以称之为“有无心位假立”。

⑪ **缠心**：与心相缠、相关。

⑫ **止**：即定，指安定、清净。

⑬ **恶所作业**：讨厌过去的所作所为。业，指众生的各种行为活动。

⑭ **痴相**：不明事理的种种表现，这里指把世俗假有说成是实有。痴，六种根本烦恼心所之一。

⑮ **寻求**：指思考事物，即对事理的寻求。

⑯ **匆遽**：迫切、急于。

⑰ **意言境**：通过名言来思考对象（境）。

⑱ **粗转**：指思维的粗略活动。转，活动。

⑲ **伺察**：指细致观察事物。伺，观察。

⑳ **身心分位**：指“寻”与“伺”两种思考方式，皆与“身”“心”相关。分位，各得一分。

㉑ **意所取境**：佛教称“用名言思考事物”为“以意取境”或“以言取相”。

㉒“身”，应为“为”。

㉓ **思分**：是思的一部分，即思的延伸。思指遍行心所；分指部分、属于。

㉔ **通照大师**：天台宗的一位佛学大师。

㉕ **兼正**：指下面有关“慧思兼用”的学说。

译文

六不定有四。

此句标出总名，下文具体列出诸法。

一睡眠，二恶作，三寻，四伺。

一“睡眠”，是指心思暗昧粗略，不由自主。“睡眠”法是清晰思考的障碍。暗昧与安定相对，粗略与觉醒相对。二“恶作”，是指对以前所犯过错的追悔。“恶作”是心情安定的障碍。作恶是因，追悔是果；先有“恶作”，后有追悔。于作恶事后有追悔之心，便是恶作。“恶作”与其余心所法的表现不同，“恶作”常附属于“痴”心所，纠缠于世俗虚幻。三“寻伺”，“寻”是寻求，指粗略地观察事物；“伺”是伺察，指仔细地思考事物。此二种心所法的功用是促使内心安定、专注。意识的对象称为“意言境”，因为意识思考事物需依靠名言为中介，所以心外之“境”就称为“意言境”。此“寻”“伺”二法皆不能独立；二法并用，如能使心情安宁，则是“思”心所的延伸；二法并用，如不能使内心安宁，则是“慧”心所的延伸。“思”心所的作用是细致而徐缓；“慧”心所的作用是粗糙而急迫。所以，有人认为，能使心情安定的思考是有“思”无“慧”，不能使心情安定的思考是有“慧”无“思”。

天台宗的通照大师则有“思”“慧”不相分离的“兼正”说：如主要用“思”而附加“慧”的作用，则仍能使心安；如主要用“慧”而附加“思”的作用，则使心不安。以上是解释“寻伺”二法与“思”“慧”二法的关系。

原典

第三色法，略有十一种。

言色者，有质碍之色，有颜色之色。所依之根[①]唯五，所缘之境[②]则六，即二[③]所现影。此别标章，下别列名。

一眼，二耳，三鼻，四舌，五身，六色[④]，七声，八香，九味，十触，十一法处所摄色。

言一眼者，照瞩[⑤]之义。梵云斫刍[⑥]，此翻[⑦]行尽[⑧]，眼能行尽诸色境故，是名行尽。翻为眼者，体用相当，依唐言[⑨]也。二耳者，能闻之义。梵云莎噜多罗戍缕多[⑩]，此翻能闻，声数数闻，此声至可能闻处。翻为耳者，体用相当，依唐言也。三鼻者，能嗅之义。梵云伽罗尼羯罗拏[11]，此云能嗅，嗅香臭故，数数由此能嗅香臭故。翻为鼻者，体用兼之，依唐言也。四舌者，能尝义。梵云舐若时吃缚[12]，此云能尝。《瑜伽论》[13]云：能除饥渴，数发言论，表彰呼召[14]谓之舌也。通于胜义世俗二义[15]。翻为舌者，亦兼体用，依唐言也。五身者，积聚依止[16]二义名身。谓积聚大造[17]，诸根依止。梵云迦邪[18]，此翻为积聚。身根为彼多法依止，诸根所随周遍[19]积聚，故名为身。翻为身者，体义相当，依唐言也。

体即是根，此五言根者，皆有出生增上[20]义故。则以能造所造八法[21]为体，乃识所依之根也。

言六色者，眼所取故。二十五种，谓青黄赤白，此四实。长短方圆，粗细高低，此相状假。正不正[22]光影明暗，烟尘云雾，迥色[23]表色，空一显色[24]。此分位假。此皆方处[25]示现义，颜色之色也，对眼识故。质碍名色，乃色之总名尔。

言七声者，四大种[26]所造，耳根所取义故。总有五因[27]，摄十二种声。五因者：一相[28]故，即耳根所取义。此一为总，余四为别[29]。二损益[30]故者，立初三种声，云可意声[31]、是益。不可意声[32]、是损。俱相违声[33]。通二。三因差别[34]故者，摄次三种，谓因执受大种声[35]、语等。因不执受大种声[36]、树等声。因俱大种声[37]。手鼓等声。四说差别[38]摄三者，有世所共成声[39]，谓世俗语所摄成；所引声[40]者，谓诸圣所说；遍计所执声[41]者，外道[42]所说。五言差别[43]摄三者，圣言量所摄声[44]，即八种圣语[45]圣正也。此八种语不出见闻觉知。该于六根[46]，以鼻舌身皆觉故。如应答于人，第一见则言见，乃至第四知则言知。若不见言不见，乃至第八不知言不知。斯圣语矣。若第一见言不见，不见言见，乃至第八不知言知。此亦八种，非圣言[47]矣。华严钞[48]唯十一种，以唯识[49]加响[50]，以成十二。更俟参考。

言八香者，乃鼻之所取可嗅义。故总有六种，谓好香[51]、恶香[52]、平等香[53]、俱生香[54]、和合香[55]、变易香[56]也。

九味者，舌之所取可尝义。故有十二种[57]，谓苦、酸、甘、辛、咸、淡、可意、不可意、俱相违、俱生、和合、变异也。

言十触者，身之所取可触之义，故名为触。有二十六种，谓地、水、火、风[58]、轻、重、涩、滑、缓、急、冷、暖、硬、软、饥、渴、饱、力、劣、闷、痒[59]、粘[60]、老、病、死、瘦是也。初四[61]乃实，余皆依四大[62]假立。或曰：余既是假，身识何缘？曰：即实缘故。既即实缘，何知轻等[63]？五[64]：俱意识分别之也。

言法处所摄色者，谓过去无体之法可缘之义。此有五种：

谓极迥色[65]，依假想观析[66]所碍色[67]至极微[68]，故名极迥色。又云：上见虚空青黄等色，乃是显色[69]。若下望之则此显色至远，而为难见故，名极迥色也。言极略色[70]者，亦假想观析须弥俱碍[71]之色，至极微处故。又云：于色上分析长短形相粗细，以至极微故。言俱碍者，乃根色[72]等。明暗等色，乃所碍也。

定果色[73]谓解脱定[74]，亦鱼米肉山威仪身[75]等，亦名定自在[76]。所生色定，即禅定自在所生色。谓菩萨入定所现光明，及见一切色像境界。如入火光定[77]，则有火光发现等。

受所引色[78]者，谓律不律仪[79]，殊胜思种所立无表色[80]也。又受即领受，引即引取。如受诸戒品，戒是色法所受之戒，即受所引色也。

遍计所执色[81]者，谓第六识虚妄计度，所变根尘无实作用[82]，故立此名。

或谓：余四[83]名色有可拟议[84]，受之所引何亦名色？盖从所防发善恶之色，以立名尔。此四全一[85]，少分[86]是假，一分[87]乃实。

注释

①**所依之根**：指能产生五种感觉的五种感官，即

眼、耳、鼻、舌、身。根，能长出、能产生。与“种子”之义相似。

② **所缘之境**：指感觉的对象。缘，依据；境，意识的对象。

③ **即二**：依靠前二种法，即心法和心所法，即接触、依靠。

④ **色**：视觉对象，比如颜色。这里的“色”不是物质现象的总名，而是色法十一种之一。下文的声、香、味、触分别是听觉、嗅觉、味觉、触觉的对象。

⑤ **照瞩**：看清、注视。瞩，注视。

⑥ **斫刍**：梵文音译，意思是观看、注视。

⑦ **翻**：翻译，由梵语译为汉语。

⑧ **行尽**：作用于一切事物，指眼睛可以观察一切可观察的事物。尽，全部。

⑨ **唐言**：唐朝语言，即唐时的汉语。

⑩ **莎噜多罗戍缕多**：梵文音译，意译是“听觉”。

⑪ **伽罗尼羯罗拏**：梵文音译，意译是“嗅觉”。

⑫ **舐若时吃缚**：梵文音译，意译是“味觉”。

⑬ **瑜伽论**：指《瑜伽师地论》。

⑭ **表彰呼召**：泛指用口说话。表彰，用言语说明或称颂。呼，呼喊；召，召唤。

⑮ **胜义世俗二义**：指胜义和世俗二谛。胜义谛，是

对佛法真谛的认识；世俗谛，是对世俗世界的认识。

⑯ **积聚依止**：积聚是组合之义，指身体是由各种元素组合而成。依止，是依靠、根据之义，指身体是其他器官的基础。

⑰ **大造**：即“四大造”，指四种构成一切事物的基本元素：地、水、火、风。小乘佛教认为世间一切现象都是此四种元素和众生业力相互作用的结果。也称为“四大种”。

⑱ **迦邪**：梵文音译，意译是“积聚”。

⑲ **周遍**：四周，遍及全部。

⑳ **增上**：增加、生长。

㉑ **八法**：指心法八识。

㉒ **正不正**：指方位的正与斜（不正）。

㉓ **迥色**：没有一定形状，难以看清的物质现象，诸如虚空。迥，指距离遥远，比喻难以看清。下文的“表色”则是指明显可视的物质现象，诸如人体的伸屈坐卧。

㉔ **空一显色**：指虚空中纯一无杂的颜色。空，虚空；一，纯一；显，可视。

㉕ **方处**：空间、方位。

㉖ **四大种**：指地、水、火、风，是构成一切物质现象的基本元素。参见注 ⑰。

㉗ **五因**：五种不同的条件（形成五种不同的声音）。

㉘ **相**：属性或表现，指声音的一般属性。

㉙ **总、别**："总"是类，"别"是一类的分子。

㉚ **损益**：妨碍和有利，这里指声音的悦耳（益）和不悦耳（损）。

㉛ **可意声**：悦耳的声音。可意，令心快乐。

㉜ **不可意声**：难听的声音。

㉝ **俱相违声**：不好不坏的声音。俱相违，既不是"可意"，也不是"不可意"。

㉞ **因差别**：指声音得以发生的原因不同。

㉟ **因执受大种声**：指由人口中发出的声音，如言说、说话。因，起因；执受，依靠；大种，指四大种，比喻人口。

㊱ **因不执受大种声**：指自然界中发出的声音，如风吹树叶、流水潺潺等。

㊲ **因俱大种声**：指由人敲击物体而发出的声音。比如以手击鼓等。

㊳ **说差别**：指不同的人群发出的言语。

㊴ **世所共成声**：发自世俗凡夫的言语。世，指世人凡夫。

㊵ **所引声**：指圣人引导凡夫而作的言说。

㊶ **遍计所执声**：来自外道邪教的谬言谬语。遍计，

周遍计度，普遍地认为。“遍计所执”，指把一切现象当成实有，即遍计一切为有。

㊷ **外道**：指正宗佛教以外的宗教派别，或是对不合佛说义理的贬称。

㊸ **言差别**：指诚实之言与不诚实之言的差别。

㊹ **圣言量所摄声**：指合乎圣德的诚实之语。量，量度、标准。

㊺ **八种圣语**：指见、闻、觉、知以及非见、非闻、非觉、非知的诚实叙述。

㊻ **六根**：指眼、耳、鼻、舌、身、意六识所依据的基础，前五种是五官，意根是末那识。眼是见，耳是闻，鼻舌身是觉，意是知。所以六识不出见闻觉知。

㊼ **非圣言**：指不合圣德的不诚实之语。

㊽ **华严钞**：指华严宗。

㊾ **唯识**：指唯识宗。

㊿ **响**：回声。

51 **好香**：好闻的味道。

52 **恶香**：不好闻的味道。

53 **平等香**：不好也不坏的味道。

54 **俱生香**：既好闻也不好闻的味道。

55 **和合香**：混合而成的味道。

56 **变易香**：不断变化的味道。

⑰ **十二种**：指十二种味觉，即下文的苦酸甘辛咸淡、可意不可意、俱相违俱生、和合变易。甘辛是甜苦，其余可参见前面的注释。

⑱ **地、水、火、风**：即四大种。参见注㉖。

⑲ **力、劣、闷、痒**：力是有气力，劣是无气力；闷是气闷，痒是皮肤需要抓挠的感觉。

⑳ **粘**：相互附着。

㉑ **初四**：指地、水、火、风。

㉒ **四大**：即四大种：地、水、火、风。

㉓ **轻等**：指二十六种触觉对象的后二种（除了四大种以外）。

㉔ "五"，应为"曰"。

㉕ **极迥色**：指遥远而不易见的虚空、明暗等无一定形状的物质现象。另一种说法是物质被分析到的极小的单位极微，这种极微（相当于原子）是极迥色。

㉖ **假想观析**：主观思维对事物的分析。比如我们可以对一根木棒做如下分析：一根木棒被分成两半，然后把其中的一半再分成两半，如此一直分割下去，直到不能再分为止。这种不能再分的单位就是"极微"。

㉗ **所碍色**：只能被障碍的物质现象，诸如虚空、明暗等。

㉘ **极微**：构成物质的最小单位。参见注㉖。

⑲ **显色**：显而易见的物质现象。

⑳ **极略色**：即极微。参见注⑯。极略，极其微小，不可再分的意思。

㉑ **须弥俱碍**：指有形体的物质可以相互妨碍，比如石头碰石头。须弥，指大山，比喻有形体的物质现象。

㉒ **根色**：指可以被五种感觉所感知的物质现象。根是五官。

㉓ **定果色**：亦称“定生色”，是指在修禅过程中出现在主观想象中的物质现象。定是禅定。

㉔ **解脱定**：为解脱苦海而修的禅定。

㉕ **威仪身**：佛陀庄严形像。威仪，威德有仪。

㉖ **定自在**：因修禅定而获得的自由无碍的境界。

㉗ **火光定**：一种特殊的禅定，修此禅定可有火光闪现，因而得名。

㉘ **受所引色**：亦称“无表色”，指由于身、口的修行活动而在体内引起的一种无形的物质现象。受，接受戒律（的修行活动）。

㉙ **律不律仪**：指佛教的戒律和修行仪则。

㉚ **无表色**：没有外在表现的物质现象，即受所引色。参见注㉘。

㉛ **遍计所执色**：指由于虚妄意识而引起的种种幻相，诸如水中月、镜中花。遍计所执，指意识的虚妄分

别，以假象为实有。

⑧2 **无实作用**：指虚假幻相并没有实际的功能。比如梦中食物不能抵饱。

⑧3 **余四**：指五种“法处所摄色”中的四种（除去“受所引色”）：极迥色、极略色、定果色、遍计所执色。

⑧4 **拟议**：商议、讨论。

⑧5 **全一**：一个整体。

⑧6 **少分**：不够一分，只是整体的一个部分。

⑧7 **一分**：有两种意思。（一）如把一整体分成若干分，一分就是若干分中的一分。（二）一分即指一个整体。这里指一个整体。

译文

第三色法，略有十一种。

此句中的“色”是总指一切物质现象。“色”也可指颜色之色。“色法”十一种，包括五根，即五种感觉万物（色）的器官；以及六境，即六种识的对象。此色法是前面心法与心所法的幻影。此句仍是先标出题目，下文才具体列出各法。

一眼，二耳，三鼻，四舌，五身，六色，七声，八香，九味，十触，十一法处所摄色。

一“眼”，是照亮、观察的意思。梵文读作“斫刍”，意思即是一一观察。从“体用”的贴切方面来考虑，即把“斫刍”译成汉语“眼”。二“耳”，是听闻的意思。梵文读作“莎噜多罗戍缕多”，意思是能听到各种声音。把它翻译成汉语“耳”，也是体用相当。三“鼻”，是嗅闻的意思。梵文读作“伽罗尼羯罗拏”，意思是能嗅闻到香、臭等气味。将此梵语译成“鼻”，也是体用两方面皆是贴切。四“舌”，是品尝的意思。梵文读作“舐若时吃缚”，意思就是品尝味道。《瑜伽论》上说，“舌”不仅可以帮助我们解除饥渴，也可以帮助我们表达义理。所以，“舌”尽管是世俗之物，却可以帮助我们达到真理。将此梵语译成“舌”，也是体用兼顾。五“身”，有组合和基础两方面的含义。人之身体是各种元素的组合，所以称为“积聚”之身。同时，人之身体又是各种器官得以生长的基地。梵语读作“迦邪”，意思是“积聚”。译成汉语为“身”，也是体用相当。

体即是根。此五种色法称为“五根”。所谓“根”，是生长的意思。此“五法”能产生五种感觉形式，故称“五根”。

六“色”，是视觉的对象，共有二十五种。它们分别是青、黄、赤、白，长、短、方、圆，粗、细、高、低，端正与不端正，光、影、明、暗，烟、尘、云、雾，还有“迥色”（没有实体的虚空）、“表色”（人体的伸屈坐卧）、“空一显色”（虚空中的单一颜色）。这里的“色”法，是视觉的对象，诸如颜色之“色”，并不是总指一切物质现象。

七“声”，是听觉的对象，共有五类十二种。第一类是指“声”的总名，其余四类各包括三种“声”。第二类是根据顺耳与否，分为三种：“可意声”（悦耳之声）、“不可意声”（逆耳之声）、“俱相违声”（非好非恶的平常声）。第三类是根据声源分成三种声：一是由人之口说出的言语之声，称“执受大种声”；二是各种事物本身发出的声音，如风吹树叶，称“不执受大种声”；三是人碰击物体而发出的声音，如击鼓出声，称“俱受大种声”。第四类是根据不同人群发出之声，而分为三种：（一）是凡夫俗子所发的世俗之语，称“世所共成声”；（二）是圣人教诲俗众的引导之语，称“所引声”；（三）是外道教派不明事理的谬言谬语，称“遍计所执声”。第五类是根据言语的诚实与否分为“圣言”和“非圣言”。关于见闻觉知的说法共有八种：见、闻、觉、知、非见、非闻、非知、非觉。这些均是前六种识形式的功用。如果说，见就是见，不见就是不见；知就是知，不知就是不知，以此类推就是诚实的“圣语”。如果，见则说不见，不见则说见；知则说不知，不知则说知，以此类推就是不诚实的“非圣言”。按照华严宗的说法，就是如此十一种声。在唯识宗那里，则加上“响”（回声），构成十二种声。

八“香”，是指由鼻子可以嗅出的味道。“香”有六种，包括“好香”（好闻的味道）、“恶香”（不好闻的味道）、“平等香”（无所谓好闻、难闻的平常味道）、“俱生香”（随物即有的原始味道、本来味道）、“和合香”（各种味混合而成的新味）、“变易香”（不断变化的味道）。

九“味”，是指舌头可品尝的味道，共有十二种：苦、酸、甘、辛、咸、淡、可意（令人喜欢的味道）、不可意（令人厌恶的味道）、俱相违（无所谓厌喜的平常味道）、俱生（随物即有的本来味道）、和合（相混合而成的味）、变易（不断变化的味）。

十“触”，指身体触觉的对象，共有二十六种。它们分别是：地、水、火、风、轻、重、涩、滑、缓、急、冷、暖、硬、软、饥、渴、饱、力、劣、闷、痒、粘、老、病、死、瘦。其中地、水、火、风是各自独立的实体，其余二十二种都是此四种元素（亦称四大种）的变化和组合。触觉的产生需要身体与外物的直接接触，其中轻重、涩滑等五对触觉还需要意识的分别作用。

十一“法处所摄色”，是指主观思维中的物质影像。思维一旦逝去，此种物质影像也随之消失。此类色法共分五种：

第一“极迥色”，是指通过对物质现象的分析得到的构成物质的最小单位“极微”。另一种说法是，“极迥色”相对于“显色”而言。“显色”是虚空中可以用肉眼看到的青、黄等色。如果离得很远，此种“显色”就难以看见，故称“极迥色”。极迥就是极远的意思。

第二“极略色”，是指通过主观分析得到的物质的最小单位“极微”。或者是通过对物体的长短、形状、粗细的分析而得到的“极微”。在此等分析中，有“俱碍”“所碍”的问题，没有一定体积的虚空、明暗等，只能被其他事物所障碍，故称“所碍”；具有一定体积的事物，可以彼此间相互障碍，故称“俱碍”。

第三“定果色”，也叫“定生色”，是指在修行“禅定”的过程中，思维中能出现鱼、肉、米、佛像庄严等形象。这是修行者已达到自由自在的禅定境界时的结果，所以称“定所生色”或“自在所生色”。比如，菩萨修行“火光定”到一定的境界，就有火光产生。

第四“受所引色”，是指根据各种戒规修行到一定的境界，在身体内能产生一定的物质现象。由于此等现象不在体外，没有表现，也称为“无表色”。“受”

是领受，“引”是引起、导致。上述“无表色”，正是领受各种戒规进力修行而引起的物质现象，故也称为“受所引色”。

第五“遍计所执色”，是指虚妄意识所引起的幻觉。幻觉中的事物自然是不真实的，而处于幻觉中的人并不自知，而是妄执为真实。所以，此等现象称“遍计所执色”。

有人于此提出疑问，此五种法处所摄色，除了“受所引色”以外的四种法称为“色”，还略有道理，“受所引色”为何也称为“色”呢？我们认为，这是因为“受所引”是按戒律修行，自然能克制导致善恶的“色法”，所以得名为“色”。其余四种法处所摄色各自独立。

原典

第四心不相应行法，略有二十四种。

此乃色心分位[①]，盖依前三法一分一位假立，得等[②]之名。以行法有二，此简非[③]心所，以立其名。此总标章，下乃别列。

一得[④]，二命根[⑤]，三众同分[⑥]，四异生性[⑦]，五无想定[⑧]，六灭尽定[⑨]，七无想报[⑩]，八名身[⑪]，九句身[⑫]，十文身[⑬]，十一生[⑭]，十二住[⑮]，十三老[⑯]，十四无常[17]，十五流转[18]，十六定异[19]，十七相应[20]，十八势速[21]，十九次第[22]，二十时[23]，二十一方[24]，二十二数[25]，二十三和合性[26]，二十四不和合性[27]。

言得者，包获成就不失之义。乃色心生起未灭坏来，此不失之相也。命根者，依业所引，第八种[28]上连持色心不断，功能假立命根耳。众同分者，类相似故，有人法[29]之别。人同分者，如天同分[30]、人同分。法同分者，如心同分、色同分等。三乘五性[31]依人法类，假立此名。异生性者，二障种[32]上一分功能[33]，令趣类差别[34]不同，云异生性也。无想定者，想等[35]不行，令身安和故，亦名定。或云此定想等心聚[36]悉皆不行。而云无想者，想灭为首。谓此外道厌想如病，忻求无想以为微妙，立此定名。灭尽定者，令不恒行心心所灭，六识。及染第七恒行心聚皆悉灭尽，乃此定相。盖修无想则作出离想，而灭尽乃作止息想。又无想唯凡，灭尽唯圣。乃二定之差别也。大抵于厌心种[37]上，遮碍转识不生功能，立此二定也。言无想报者，由欲界修彼定，故感彼天果[38]名无想报，乃无想之报。依士释也。

名身者，能诠自性[39]单名也。二名已上方名名身，三名已上名多名身，乃诠别名之身。句身者，一句名句，二句名身，三句已上名多句身。单句诠差别，多句则诠别句之身。文身者，文即是字，能为名句，二所依故。

如单言斫[40]、单言刍，未有诠表[41]，名之为字，论[42]不言名与多名，举中以摄广略也。又云带诠[43]名文。如经书字不带诠者，只名字，若字母及等韵类是也。

生者，先无今有。住者，有位[44]暂停。老则住别前后，亦云衰变名老。又云，法非凝然。言无常者，今有后无，死之异名。又诸圣教多合生灭，以为无常。盖生名为有，有非恒有，不如无为。灭名为无，无非恒无，不如兔角[45]。不同彼无为兔角之常，故曰无常。今唯据死而言。流转者，因果不断相续前后。定异者，善恶因果互相差别。相应者，因果事业和合而起。或曰：此之总名不相应行法，今名相应者何耶？盖名不相应者，简前相应心所而已。此相应者，乃前三法上事业和合之谓，岂相滥乎！势速者，有为法游行迅疾飞行运奔，皆此所摄。次第者，编列有叙令不紊乱。尊卑上下、左右前后，有规矩者，皆此摄也。

时者，过现未来[46]、成住坏空[47]、四季三际[48]、年月日夜、六时[49]十二、随方制立，故名为时。方者，色处分齐，人法所依。或十方[50]上下，六合四极[51]，亦随所制。数者，度量诸法之名。或一十百千至不可转也。言和合性者，谓于诸法不相乖反[52]。不和合性者，谓于诸法相乖反故。前如相顺因[53]，此如相违因[54]。或曰：此二十四于前三分位，则以何法当前何位？大略而言：

命根一法，唯心分位[55]，第八心种上连持功能故。异生性一法，唯所分位[56]，二障种上令别功能[57]故。二无心定、无想异熟[58]，乃王所[59]上假王所灭，已名无想等。余十九种通色及心与心所法三上假立[60]。如众同分，乃色同分、心同分、所同分。又如势速，乃是色、心、心所迁灭不停故。又如定异，色不是心，心不是所，善因恶果定不互感等。余仿此说。

注释

①**色心分位**：非色非心，却与色、心皆有关联。色心，指色法、心法、心所法三种。

②**得等**：指二十四种不相应行法。“得”是其中的第一种。

③**简非**：不同于。

④**得**：不相应心所，指获得成就，于佛法修行有所进步。

⑤**命根**：不相应心所，指第八阿赖耶识维持意识不断灭的功能。精神不灭，所以生命不断。

⑥**众同分**：不相应心所，指事物的相同之处。有人同分、心同分、色同分等。

⑦**异生性**：不相应心所，指导致众生堕入轮回苦

海的二种成佛障碍：烦恼和虚妄分别。异生，指不同的转生方向，即五趣。

⑧ **无想定**：同上，指思虑不生，心情安定。

⑨ **灭尽定**：同上，指前六识的感知活动和第七末那识的思量我执都已断灭，是大乘修行的最高境界。“灭尽定”是比“无想定”高一层次的禅定。

⑩ **无想报**：同上，指修行“无想定”而得到的果报，即没有思虑。

⑪ **名身**：同上，指名词或名词词组。

⑫ **句身**：同上，指语句。

⑬ **文身**：同上，指单字或字母，可以构成词和句子。比如梵文“斫刍”（视觉）中的“斫”或“刍”都是字母，它们本身没有意义。

⑭ **生**：同上，指事物的产生或形成。

⑮ **住**：同上，指事物的成长或发展阶段。

⑯ **老**：同上，指色、心诸法相续变异称为老。

⑰ **无常**：同上，指死亡或变化无常。常，恒常、稳定。

⑱ **流转**：同上，指因果不断作用，前后连续。

⑲ **定异**：同上，指不同的事物变化有不同的善恶因。

⑳ **相应**：同上，指事物之间的因果变化，相互对应，不相背离。

㉑ **势速**：同上，指世间诸事物的迅速变迁、流转。

㉒ **次第**：同上，指有顺序的编列，不使紊乱。

㉓ **时**：同上，指过去、现在、未来。

㉔ **方**：同上，指空间、地域。

㉕ **数**：同上，指诸事物的度量，如一、十、百、千等。

㉖ **和合性**：同上，指事物之间不相矛盾。

㉗ **不和合性**：同上，指事物之间的对立和矛盾。“不和合性”是不相应行法中的最后一种。

㉘ **第八种**：指第八阿赖耶识。

㉙ **人法**：人和世间万物。

㉚ **天同分**：天的相同之处。天，是指高于人类的生命形式。

㉛ **三乘五性**：指处于不同修行层次的众生。三乘是指三种修行方法：第一声闻乘，指钝根之人，听闻佛言说教而得悟，就可脱离生死，获得正果。第二缘觉乘，指中根之人，观缘觉悟，入寂静定。第三菩萨乘，指上根之人，得一切智，度一切众生，修成佛果。五性亦作“五姓”，指具有不同根性的五种人：（一）菩萨定性，可修成菩萨或佛。（二）独觉定性，可修成“辟支佛”的果位，稍次于菩萨果位。（三）声闻定性，可修成阿罗汉果位，是小乘教中最高果位。上述三性相当于三乘。（四）三乘不定性，果位不能确定。（五）无姓有

情，根性低劣，永沦生死苦海。

㉜ **二障种**：指烦恼和虚妄分别，前者称“烦恼障”，后者称“所知障”。它们都是众生解脱苦海的障碍。

㉝ **一分功能**：指对众生解脱的妨碍。烦恼障与所知障的妨碍功能均是如此。

㉞ **趣类差别**：指互相区别的五趣：天、人、畜生、饿鬼、地狱。

㉟ **想等**：指“想”和“思”两个遍行心所，它们均指利用名言进行思维。

㊱ **心聚**：即心所。

㊲ **厌心种**：妨碍安定的厌恶心理。

㊳ **天果**：此指修无想定所得无想天之果报。

㊴ **自性**：属性、特性。

㊵ **斫**：是梵文“斫刍”（视觉）中的一个字母。

㊶ **诠表**：解释、表明。

㊷ **论**：指本论，即《百法明门论》。

㊸ **带诠**：具有诠释的作用。带，夹带、具有。

㊹ **有位**：指事物的“存在期”。位，位置、状态。

㊺ **兔角**：兔本没有角，错看以为有角。以此比喻幻相，诸如龟毛、二月等。

㊻ **过现未来**：指过去、现在、未来。

㊼ **成住坏空**：成，生成；住，生长；坏，衰变；

空，灭亡。成住坏空，泛指事物的生灭、流变。

㊽ **三际**：三个季度，三个月是一际。

㊾ **六时**：一天分十二个时辰，白天、黑夜各占六个时辰。

㊿ **十方**：指东、南、西、北和上、下、东南、西南、东北、西北，共十方。

51 **六合四极**：上下六方称“六合”；东西南北称“四极”。

52 **乖反**：相矛盾，相背离。乖，不顺、不和。

53 **相顺因**：相互顺和的状态。

54 **相违因**：互相矛盾、互相违背的状态。

55 **唯心分位**：只与“心法”相关联。

56 **唯所分位**：只与“心所法”相关联。所，指心所法。

57 **令别功能**：应为“分别功能”。指二种障（烦恼障和所知障）导致众生不同转世方向的功能。分别，是指众生的趣类分别，即五趣。

58 **无想异熟**：即“无想报”。异熟，指果报。意思是果与因异时异类。

59 **王所**：指心王（心法）与心所。

60 **三上假立**：即“色心分位”，指与色法、心法、心所法皆有关联。

译文

第四心不相应行法，略有二十四种。

此不相应行法与心法、心所法、色法皆不单独相应，而是前三法之间相互关系的产物。“行法”共有两种，一是心相应行法，也称心所法；另一是此心不相应行法。此句是标出总名，下文则具体列出诸法。

一得，二命根，三众同分，四异生性，五无想定，六灭尽定，七无想报，八名身，九句身，十文身，十一生，十二住，十三老，十四无常，十五流转，十六定异，十七相应，十八势速，十九次第，二十时，二十一方，二十二数，二十三和合性，二十四不和合性。

一“得”，是指获得成就，不令失去。“得”是指生起有所得之心，因其成就尚未坏灭，故称不失。二“命根”，是指第八阿赖耶识维持色、心、心所三法的功能。色、心相续不断，众生的性命才得以不灭。三“众同分”，是指诸事物之间的相同或类似。有“人同分”（指众生之间的共同点）和“法同分”（指事物之间的共同点）。“人同分”，包括“天同分”“人同分”等五趣同分；“法同分”，包括“心同分”“色同分”等。实际上，众生之间有“三乘五性”（三乘，是声闻、缘觉、菩萨；五性，亦称五姓，是菩萨、独觉、声闻、三乘不定、无种性）的根器差别。“众同分”只是抽象成类的假名。四“异生性”，是指解脱成佛的障碍。由于烦恼障碍和虚妄分别障碍的作用，众生始终处于“五道”（天、人、畜生、地狱、饿鬼）轮回之中。“异生”，即不同的五种转生趋向。五“无想定”，是指思虑不生、心情安宁的禅定境界。“无想”就是没有思虑杂念。外道凡夫，常常是杂念繁生、烦恼如病，所以他们祈求得到“无想定”的境界，以入幸福、美妙之境。六“灭尽定”，是指前六识的感觉和思维活动，以及第七末那识的自我意识均停止活动。修“无想定”时，是祈求远离杂念；而修“灭尽定”时，是要止息一切思虑意念。另外，“无想定”是凡夫所求，“灭尽定”才是成圣之道。这些是以上二定的区别。此二种定在止息杂念、断灭思虑的目标上是一致的。七“无想报”，是指处于“欲界”的众生修行“无想定”而得到的果报。获得此果报，即能达到无思虑、无杂念的境界。

八“名身”，是指能解释事物属性的名称。只有一个字的名称是名，两个字的名称是“名身”，三个字以上的名称是“多名身”。“多名身”可以解释其他名称。九“句身”，一句话称句，二句称“句身”，三句以上称“多句身”。单句可以解释诸事物的种种区别，多句则可以解释别的句子。十“文身”，相当于梵文字母，可以组成词，再由词组成句。例如，字母“斫”（音译）或字母“刍”（梵文音译）只是单字，没有含义，不能作为名称。该论不说“名”和“多名身”，而单列“名身”，是试图用一语涵盖“名”和“多名身”。关于“文”与“字”的关系问题，有人认为，有涵义的称“文”；只是音节、字母之类而无涵义的称“字”。

十一“生”，是指现世生命。十二“住”，是指诸事物稳定生长的阶段。十三“老”，是指接近事物断灭期的衰变。世俗事物终有断灭，即终有由“生”向“灭”的衰变。十四“无常”，是指从有到无（相对于“生”之从无到有），即死亡的别名。也有不少教派的义理，把从无到有，从有到无的“生灭”变化，称为“无常”。生存是有，世俗中没有永恒的有，有终要归于无。死亡是无，世俗中没有永恒的无，无终要成有。这就是有无轮回，变化无常。没有恒常，即是无常。此论中的“无常”，主要是指死亡。十五“流转”，是指因因果果，前后相续。十六“定异”，是指不同的事物有不同的善恶因果。十七“相应”，是指诸事物之间的因果关联。有人在此提出疑问：“不相应行法”中为什么有“相应”法？所谓“不相应”法，只是区别于“心所法”与“心法”的那种相应关系。这里的“相应”一法是指心、心所、色三法之间的相互关系。所以，两者并不矛盾。

十八“势速”，是指世间事物的快速运行和变化。十九“次第”，是指有顺序的排列，以防止紊乱。诸如上下、左右、前后等次序。

二十“时”，是指过去、现在、未来，或者是生长、衰亡的过程，也指春、夏、秋、冬、年、月、日、夜。以上均是时间的表现。二十一“方”，是指诸事物所处的地域、空间，表现为上下、左右、前后，或东、西、南、北。二十二“数”，是指诸事物的数量关系，如一、十、百、千，直至不可数的无限。二十三“和合性”，是指诸事物相互配合，不相背离。二十四“不和合性”，是指事物之间的背离、矛盾。前者是事物之间相互顺利，后者是事物之间相互违背。此二十四法是色、心、心所三法相互关联下的产物，那么此二十四法与三法的关系究竟如何呢？简略地说：“命根”一法只是“心法”的延伸（分位），因为“命根”是指第八阿赖耶识维持心、色不断的功能。“异生性”只是“心所法”的延伸，因为“异生性”是指虚妄分别障碍、烦恼障碍的作用。“无想定”“灭尽定”“无想报”三法是心法、心所法相互关联的产物。所谓无想，就是意念活动的止息，即心法、心所法的断灭。其余十九种心不相应行法则通于色、心、心所三法。比如，“众同分”包括色同分、心同分、心所同分，“势速”通指色、心、心所三法的运行和变化，“定异”是指色、心、心所三法各有区别，自成因果。其余以此类推。

原典

第五无为法者，略有六种。

此标章，下别列。

一虚空无为[1]，二择灭无为[2]，三非择灭无为[3]，四不动灭无为[4]，五想受灭无为[5]，六真如无为[6]。

言无为者，是前四位真实之性，故云识实性[7]也。以六位心所则识之相应，十一色法乃识之所缘，不相应行即识之分位，识是共体[8]，是故总云识实性也。

而有六种谓之无为者。为，作[9]也。以前九十四种乃生灭之法，皆有造作，故属有为。今此六法，寂寞冲虚，湛然[10]常住，无所造作，故曰无为。

言虚空无为者，谓于真谛离诸障碍。犹如虚空豁虚离碍，从喻得名。下五无为义仿此说。择灭者，择谓拣择[11]，灭谓断灭。由无漏智[12]断诸障染[13]，所显真理，立斯名焉。非择灭者，一真法界[14]本性清净，不由择力[15]断灭所显。或有为法缘阙[16]不生，所显真理。以上二义，故立此名。不动[17]者，以第四禅[18]离前三定[19]，出于三灾八患[20]，无喜乐等动摇身心，所显真理。

此从能显彰名，故曰不动。想受灭者，无所有处[21]想受不行，所显真理，立此名尔。真如者，理非妄倒故名真如。真简于妄，如简于倒[22]，遍计依他[23]如次应知。又曰：真如者，显实常[24]义，真即是如，如即无为。

上自一切法下至此，乃明百法，以答初何等一切法之问毕矣。此下大分明二无我，以答次问[25]也。

注释

① **虚空无为**：第一种无为法，指离开一切污染和烦恼的清净境界。虚空，比喻清净境界的顺畅无障碍。

② **择灭无为**：第二种无为法，指依靠智慧的抉择分别而除却烦恼。择，选择，指智慧的分别。灭，断灭烦恼。

③ **非择灭无为**：第三种无为法，指心性本来清净，不需智慧的分别，即可获得清净无为的境界。

④ **不动灭无为**：第四种无为法，指无苦无乐，无喜无悲的清净境界。不动，指没有苦乐喜悲的感受来动摇身心。

⑤ **受灭无为**：第五种无为法，指一切思虑活动都已停止的境界。相当于无色界的第三天无所有处。在此境界中，不仅物质和虚空不存在，连意识及意识的对

象也不存在。想受灭，思想和感受已经断灭。“想”与“受”均是遍行心所。

⑥ **真如无为**：第六种无为法，指获得真理，掌握绝对的最高境界。真是真实，如是永恒。六种无为法中，真如无为是本，其余五种都是它的不同表现。

⑦ **识实性**：心识（意识）是一切法的本质。实性，本性、本质。

⑧ **共体**：共同的依据，共同的本体。体，基础、本体。指识是一切法的本体。

⑨ **作**：行为活动的简称，亦称“造作”。

⑩ **湛然**：清澈、澄明。

⑪ **拣择**：选择、区分，指思维的分别功能。

⑫ **无漏智**：无污染的清净智慧。无漏，没有污染、没有烦恼。佛教讲清净安定即是圆满、真实、恒常。

⑬ **障染**：障碍和污染。种种烦恼和恶念即是污染，污染即是成佛解脱的障碍。

⑭ **一真法界**：即真法界，指事物的本质和真谛。一是唯一，真是真实，法界泛指诸事物。

⑮ **择力**：智慧的分别能力。择即拣择。

⑯ **缘阙**：缺少一定的条件。缘阙即是缺缘，阙同缺。

⑰ **不动**：指第四种无为法，不动灭无为。参见注④。

⑱ **第四禅**：禅定境界可分为“四禅定”和“四空

定”。“四禅定”又称“四静虑”，包括初禅“离生喜乐”，二禅“定生喜乐”，三禅“离喜妙乐”，四禅“舍念清净”。位于第四禅，则无苦无乐。四种禅是逐渐脱离喜乐。

⑲ **前三定**：即四禅中的前三禅。

⑳ **三灾八患**：三灾：坏劫分为二十期，于最后一劫世界即开始坏灭而引起天灾，即：火灾（坏欲界至初禅天）、水灾（流失至第二禅天）与风灾（破坏至第三禅天）。八患：指第四禅天已无寻、伺、忧、喜、苦、乐、入息、出息八灾患。

㉑ **无所有处**：指“四空天”中的第三天，位于此天，一切意识都不存在，一切意识的对象也不存在。“四空天”包括：初空天“空无边处”，此定虚空不存在。二空天“识无边处”，此定意识不存在。四空天“非想非非想处”，此定已获绝对寂静。

㉒ **倒**：颠倒。

㉓ **遍计依他**：遍计，是指虚妄意识执一切假有为实；依他，是指世间事物皆依他而起。两种性质都不是真理的体现。

㉔ **实常**：真实、恒常。

㉕ **次问**：指文章（《百法明门论》）开始的第二个提问：何等无我？第一问是：何等一切法？

译文

第五无为法者，略有六种。

此句标出总名，下文具体列出诸法。

一虚空无为，二择灭无为，三非择灭无为，四不动灭无为，五想受灭无为，六真如无为。

此“无为法”是前四种法的本质，也是精神意识的本性。这是因为：六位“心所法”是随心识（心法）而起，与心识相应；十一种“色法”是心识的对象；“不相应行法”又是心识的延伸。所以，前四种有为法皆以“心识”为体。“无为法”既是“有为法”的本质，亦是“心识”的真实本性。

“无为法”共有六种。“为”是造作，“无为”即是没有造作。前九十四法皆是有造作、有生灭的“有为法”，而此六种“无为法”则是寂寞冲虚，湛然常住，毫无造作。

第一“虚空无为”，是指佛教的真谛境界，远离诸污染、障碍，清净澄明犹如虚空。此法因比喻得名。第二“择灭无为”。“择”是选择，“灭”是断灭。此法是指通过智慧的选择、分析而断离诸污染，获得真谛。此法是因强调智慧的抉择力、觉悟力而得名。第三“非择灭无为”，是指清净圆满的真谛境界不需智慧的分别、抉择即可获得；或是指“有为法”因缘不具故诸法不生，由此所显之真理。第四“不动灭无为”，指修习禅定至第四禅“舍清净”的境界时，已离前三定（初禅、二禅、三禅），出于三灾（火灾、水灾、风灾），八患（寻、伺、忧、喜、苦、乐、入息、出息），无喜乐等动摇身心。此法因强调身心安定、毫不动摇而得名。第五“想受灭无为”，指修习禅定至“四空天”中的“无所有处定”的境界。位于此定，不仅悟得物质和虚空不存在，而且悟得一切意识和意识的对象也不存在。此法因强调无想、无思虑而得名。第六“真如无为”，不虚妄、不颠倒的真理是真如。“真”相对于虚妄，“如”相对于“颠倒”。“遍计”万有，是虚妄分别；“依他”而生，是虚假不实；只有“圆成实”（圆满、成就、真实，是“三自性”之一）才是“真如”。或者，“真如”就是指真实、永恒。“真”即是“如”，“如”即是“无为”，“无为”才能真实、永恒。

到此，该论已列出全部“百法”，算是回答了“何等一切法”的设问。下文则解释二种“无我”，以回答“云何为无我”的提问。

原典

言无我者，略有二种。

此标章，下别列。

一补特伽罗无我[1]。

梵言补特伽罗，唐言数取趣[2]。谓诸有情数数起惑造业[3]，即为能取；因也。当来五趣[4]，名为所取。果也。虽复数数起惑造业，五趣轮转都无主宰，实自在用[5]，故言无我。乃补特伽罗，即无我矣。此所无，即我是为我空也。彼凡夫等皆执心外实有诸法[6]，又执此法有实主宰，此说为无无[7]，即彼空无别体也。

二法无我[8]。

言法者，轨持[9]之义。谓诸法体，虽复任持，轨生物解[10]，亦无胜性[11]，实自在用。故言法无我，法即无我。应云法无法，从能依[12]说，故云法无我。《瑜伽》[13]九十三云：复次，一切无我无有差别，总名为空，谓补特伽罗无我及法无我。补特伽罗无我者，离一切缘生行[14]外别有实，我不可得故。法无我者，谓一切缘生诸行性非实我，是无常故。如是二种略摄为一，双证二无我理。彼处指毗昙。说此名为大空。又云：我之执者心得境名[15]。又云：二执者我狭法宽。盖人有迷人必迷法者，迷法未必迷人故。能持自体者为法，有常一[16]用者为人。如二乘[17]我执已断，法执犹存。则其浅深宽狭可见矣。

盖我法者，不出世间及圣教二种我法。谓世间人执我法，无体随情名[18]世间假。圣教我法者，有体强设名[19]之为假故。二皆为假，故无我法也。

注释

①**补特伽罗无我**：即众生无我，指众生处于五道轮回的生灭循环之中，没有恒常的自体或自性。补特伽罗，梵文音译，意译是“众生”或“数取趣”。无我，没有“自我”或自体。

②**数取趣**：指五道轮回。数，屡屡不断。取趣，转世投胎，趣是五趣。

③**起惑造业**：烦恼生起是谓起惑，众生行为是为造业。众生的五道轮回，即是起惑造业所招来的苦果。

④**五趣**：即天、人、畜生、饿鬼、地狱。

⑤**自在用**：自我主宰，自由无碍的运作。

⑥**诸法**：世间种种事物。

⑦“无无”，应为“无我”。

⑧**法无我**：诸法万物皆没有恒常的自体，故说“法无我”。

⑨**轨持**：轨是轨范，可以被认识；持是任持，有

一定的质。

⑩ **生物解**：导致对事物义理的认识。物解，即是解物，解释事物。

⑪ **胜性**：真实性。胜，突出、显著。

⑫ **能依**：依赖或根据其他事物。与“所依”相对，“所依”是指被依赖、被根据。在唯识学中，将八识心、心所生起时所依止仗托者，称为所依。

⑬ **瑜伽**：指《瑜伽师地论》。

⑭ **缘生行**：指因果流转的种种行为变迁。缘生，因缘而生；行，流变。

⑮ **心得境名**：指内心用言语来思考事物。

⑯ **常一**：恒常不变，这里指身心生命的连续。

⑰ **二乘**：指声闻、缘觉二乘。参见前文注“三乘五性”。

⑱ **无体随情名**：没有自体的假象，众生却以为是实有。诸如镜中月、水中花。情，有情众生；名，假名。

⑲ **有体强设名**：即使是有形体的事物，也是假有假名。强设名，施设假名。

译文

言无我者，略有二种。

此句标出总名，以下具体列出诸法。

一补特伽罗无我。

“补特伽罗”是梵文音译，汉语意译为“数取趣”。众生起惑造业，就要堕入生死轮回，这是“能取”；生死轮回共有五种转生方向，称“五趣”（天、人、畜生、饿鬼、地狱）。这是“所取”。众生屡屡起惑造业，在五趣轮回中不得解脱，自己不能主宰自己。称为“无我”。“数取趣”就是“无我”，即“补特伽罗无我”。“无我”就是“我空”，或是没有实际的主体。凡夫众生皆以为心外万物是实有，而且以为万物后面有主宰。下文所说的“法无我”，即是指诸法没有主体，也没有外在的主宰。

二法无我。

所谓“法”，是轨范、任持的意思，指诸事物的本性。虽然万物都有一定的本性，但不能永恒、稳定地存在。“法无我”，即指诸法万物没有恒常的“自性”，也可称“法（万物）无法（自性）”。《瑜伽师地论》第九十三卷中说：一切“无我”都有共同的特征，可总称为“空”。“补特伽罗无我”可称“我空”，是指众生处于五趣轮回的因果循环之中，没有真实的主宰。“法无我”可称“法空”，是指万物皆是因缘和合而生，没有真实、恒常的本性。毗昙经中合称二空为“大空”。经中说：执自我为实有，就会有出于“我心”的种种虚妄分别。又说：“我执”（执众生自我为实）狭隘，“法执”（执世间万物为实）广泛。因为迷执于“众生自我”必会迷执于“世间万物”；而迷执于“世间万物”却未必迷执于“众生自我”。迷执于“众生自我”，是以为“人”有恒常的主体；迷执于“世间万物”，是以为“物”有恒常的自体。处于二乘（声闻、缘觉二种修行方法）初步修行的凡夫，就是“我执”已断，“法执”犹存。

“我”与“法”可分“世间我法”和“圣教我法”。“世间我法”，是世俗中人执“我法”，此中“我法”犹如镜中花、水中月，皆是没有“自体”的幻觉，称为“无体随情（有情众生）名假”。“圣教我法”，是佛法圣教中所说“我法”，此中“我法”虽有一定的形状和现象，仍是有生灭的假有，佛法中只施设“假名”，称为“有体强设名假”。所以，二种“我法”皆是假。总之，众生自我与世间万物皆是虚幻。

2 唯识二十论

原典

安立[1]大乘三界唯识[2]，以契经说[3]三界唯心[4]。心意识了[5]名之差别。此中说心意兼心所[6]，唯遮外境[7]不遣相应。内识生时似外境现，如有眩翳[8]见发蝇[9]等。此中都无少分[10]实[11]义。即于此义有设难言，颂曰：

若识无实境[12]，则处时决定[13]，
相续[14]不决定，作用不应成。

论曰：此说何义？若离识实有色等外法[15]，色等识[16]生不缘[17]色等；何因此识有处得生非一切处？何故此处有时识起非一切时？同一处时有多相续，何不决定随一识生？如眩翳人见发蝇等。非无眩翳有此识生。复

有何因，诸眩翳者所见发等无发等用[18]，梦中所得饮食刀杖毒药衣等无饮等用？寻香城[19]等无城等用。余[20]发等物其用非无。

若实同无色等外境，唯有内识，似外境生，定处、定时、不定相续、有作用物皆不应成。非皆不成。

注释

① **安立**：即施设差别之义。亦即用语言、名相来区别种种事物。

② **三界唯识**：唯识宗的根本命题，意思是欲界、色界、无色界的一切都由阿赖耶识所造。阿赖耶识是万物的根源。此命题是从《华严经》中的“三界唯心”延伸出来的。

③ **契经说**：契经，音译修多罗。所指有二：（一）为一切佛法之总称。（二）特指九分教或十二分教中之第一类——长行。这是佛学论著中常用来标榜学术渊源的一句术语。本文的“经”具体指《华严经》。

④ **三界唯心**：指欲界、色界、无色界的一切皆由心造，心是万物的本体。出于《华严经·十地品》。佛教内部对此“心”有不同的解释。《大乘起信论》谓此“心”是“如来藏”或“真如”，瑜伽行派称此“心”是

阿赖耶识。

⑤ **了**：了别。意指分析、区别，也可泛指一切精神活动。佛教中“心”的重要特征就是能“了别”。

⑥ **心所**：指随“心本体”而起的种种心理活动。唯识宗把它概括成五十一种心所法，全称是心所有法。因其相应于心法，为心法所有，故而得名。详见《百法明门论解》的有关注释。

⑦ **外境**：在心识以外的认识对象。唯识宗认为外境是“能知”（见分）变生出的虚幻境相（相分），并不实际存在。

⑧ **眩翳**：指眼睛所患的一种疾病，经常会产生幻觉。眩，眼睛昏花看不清楚。

⑨ **发蝇**：发指龟毛，蝇指双月，都是幻觉。

⑩ **少分**：指极少地分得，与“一分”相对。

⑪ **实**：指真实、实际、实有。是佛教中的重要概念。佛教认为永恒、绝对的东西才是真实。

⑫ **实境**：指真实存在的外境。唯识宗否认实境的存在。

⑬ **处时决定**：指某种意识的产生决定于某时某地。比如，去北京才能看到天安门，在冬天才能见到冰雪。

⑭ **相续**：指个别的有情身。佛教称有生命的事物为有情。佛教认为生命的涵义是一种深细识（阿赖耶

识）的连续。

⑮ **色等外法**：泛指认识对象。色等，指五境，即色、声、香、味、触。外法，指心识以外的万物，亦即外境。

⑯ **色等识**：指眼、耳、鼻、舌、身五识。

⑰ **缘**：指根据、条件。是佛教的重要概念。有“四缘”说，指一切有生灭的事物借以生起的四类条件：因缘、等无间缘、所缘缘、增上缘。本文中的“缘”是“所缘缘”，指认识对认识对象的依赖。

⑱ **发等用**：指龟毛等物的实际功用。

⑲ **寻香城**：指传说中的菩萨成道之地。

⑳ **余**：指其余、其他。

译文

本论是通过对外道驳难言论的反驳来证立大乘佛学“三界唯识”的命题，即万事万物皆因识而生起，皆随识而变化。这一思想与大乘《华严经》中的“三界唯心”是相互契合的。本论中“心”“意”“识”三个概念是从不同的方面描绘识总体的不同状态。其中的“心”和“意”包括各种随心而起的心理活动，即“五位百法”中的五十一心所法。

“三界唯识”的基本思想是识外没有实境：识以外

的万物没有真实的实体，而只是识产生时好像有外境事物出现，就像患有眼病的人能看见龟有毛或天上有两个月亮。显然，这里的龟毛、二月都是不真实的幻觉。心外物境也正是识活动引起的虚假幻觉。对此观点有人作颂予以反驳，颂文说：

若识无实境，则处时决定，
相续不决定，作用不应成。

颂文的意思是：若唯有内心的识是真实的，而事物外境是虚幻假象，识的产生并不依赖事物外境；那么，为什么一、在一定的地方（处）才能产生的一定的识。（如面对山而有山的识，而不会面山看见的却是水。）二、在一定的时间（时）有一定的识。（比如，你必须在春暖时才能看到花开，在严寒时才能看见冰冻。）这就是“处时决定”。三、在同时同地的很多人共同产生同一类型的识。（比如，很多人同时同地站在天安门的面前，就会同样见着天安门，而不会随心所欲，各自决定各自的所见。）这是“相续不决定”。四、患有眼病的人所看的毛发等物没有实际的用处。就如梦中所见的饮食、刀杖、毒药、衣服等物并没有实际的用处一样。梦中到了诸如“寻香城”这个地方，并不就是真的到了

“寻香城”。我们知道，实际中的毛发、饮食、衣服等物都有相应的功用。所以，不能用幻觉中的事物比拟现实中的事物。

如果我们仍然承认事物外境是内心的幻觉，识的产生并不依靠事物外境。那么，怎样解释“处时决定”“相续不决定”以及现实事物的“作用”呢？驳难者认为，如果没有实际的外物环境，“处时决定”等现象就不会成立。而本论则认为：虽然外境不真实，也不妨碍“处时决定”等现象的成立。

原典

颂曰：

处时定如梦，身[①]不定如鬼[②]，
同见脓河[③]等，如梦损有用。

论曰：如梦意说如梦所见。谓如梦中虽无实境，而或有处见有村园男女等物非一切处。即于是处或时见有彼村园等非一切时。由此虽无离识实境，而处时定非不得成。说如鬼言，显如饿鬼。河中脓满故名脓河，如说酥[④]瓶其中酥满。谓如饿鬼同业[⑤]异熟[⑥]，多身共集皆见脓河，非于此中定唯一见。

等言显示或见粪等，及见有情[7]执持刀杖，遮捍守护不令得食。由此虽无离识实境，而多相续不定义成。又如梦中境虽无实而有损失精血[8]等用。

由此虽无离识实境，而有虚妄作用义成。如是且依别别[9]譬喻，显处定等[10]四义得成。复次，颂曰：

一切如地狱[11]，同见狱卒等，
能为逼害事，故四义皆成。

论曰：应知此中一地狱喻，显处定等一切皆成。如地狱言，显在地狱受逼害苦诸有情类。谓地狱中虽无真实有情数[12]摄[13]狱卒等事，而彼有情同业异熟增上力[14]故，同处同时众多相续，皆共见有狱卒、狗、乌铁、山物[15]等来至其所为逼害事。由此虽无离识实境，而处定等四义皆成。

何缘不许狱卒等类是实有情？不应理[16]故。且此不应那落迦[17]摄。不受如彼所受苦故。互相逼害应不可立彼那落迦。此狱卒等，形量力既等，应不极相怖，应自不能忍受铁地炎热、猛焰恒烧然[18]苦。云何于彼能逼害他？非那落迦不应生彼。如何天上现有傍生[19]，地狱亦然，有傍生鬼为狱卒等。此救[20]不然。

注释

①**身**：指有情身，即前文的“相续”。参见前文注⑭。

②**鬼**：指饿鬼，是五种轮回转生的趋向（五道或五趣）之一。“五道”，指地狱、饿鬼、畜生（也译为傍生）、人、天。

③**脓河**：充满脓血的大河。据说是用来惩罚饿鬼的，使鬼见“河”而不能饮用。

④**酥**：酥油。

⑤**业**：指众生的所做所为，分口业（言语）、身业（动作）、意业（意念）三种。佛教认为一定的业因对应一定的果报，善业善报、恶业恶报。

⑥**异熟**：即果报。异，指因与果不同的时间，不同的类别。熟，果熟，比喻结果。

⑦**有情**：旧译为众生。泛指有血肉的生命，即生存者之意。

⑧**损失精血**：指梦见男女两性交配而有精血流失。

⑨**别别**：种种。

⑩**处定等**：指上文的“处时定”“相续不定”“有作用”。

⑪**地狱**：罪人受惩罚的地方。同饿鬼一样，也是“五道”之一。参见注②。

⑫ **有情数**：指有情类。数，类、多次。

⑬ **摄**：包含、使属于。佛教常用“摄”来表示逻辑包含关系。

⑭ **增上力**：即增上缘，是“四缘”中的一种。意指各种有益或无益的根据条件。增上，促进、增加。佛教对增上缘大致有两种解释：（一）它包括另外三缘，即因缘、等无间缘、所缘缘。（二）它是三缘之外，余下的根据条件。本文属于前种解释。参见前文注⑰。

⑮ **乌铁、山物**：烧红了的铁和恐怖的树林。均是地狱里的恐怖事物。

⑯ **不应理**：与道理不相应，即不合理。

⑰ **那落迦**：地狱的梵文音译。

⑱ **烧然**：即燃烧。

⑲ **傍生**：梵文“畜生”的另一种翻译。五趣之一。参见注②。

⑳ **救**：补救。这里指对论理缺陷的补充或纠正。

译文

有颂文解释说：

处时定如梦，身不定如鬼，

同见脓河等，如梦损有用。

颂文的意思是：就拿人做梦的例子来说。人在做梦时有种种意念、情感活动，并且能见到各种各样的事物。梦中的环境虽然不真实，可也会出现处于一定地点的村庄园落及男男女女，也会出现在一定时间的村庄园落和男男女女。（例如，我们会梦见下午从北京坐火车去天津。）因此，在虚假不实的幻境中也能有地点、时间的确定。再以饿鬼为例。颂文中的“脓河”是指充满脓血的大河，就如同我们通常说的“酥瓶”是指装满了酥油的瓶子。颂文中的“同见脓河”说的是：饿鬼们因为身前的恶行而在饿鬼道里遭受各种各样的报应。其中的一种惩罚就是：一群群饿鬼被饥渴逼迫来到河边，看到的却是一条充满脓血的大河，以及一些奇异的现象。尽管这些现象都是用来惩罚饿鬼的种种幻觉，饿鬼们却都是同时共同地看见，而不是有的饿鬼能看见，有的不能看见。

颂文中的“等”是指饿鬼在“脓河”外还看到的一些奇异现象：如粪尿、火焰、手执刀杖护卫脓河的鬼吏。所以，即使在不真实的幻觉中，仍旧可以同类众生同时同地所见一样，而不会是同时同地却各有所见。这就是“相续不决定”的成立。再回到做梦的例子。成年人常会梦见男女两性交配的情形，虽然这并不是实际中发生的事，却会引起做梦者精血的流失。

所以，即便是不真实的幻觉，也能产生一定的作用。这就是虚无之境也有“作用”的道理。总之，上述的种种事例可以说明，在虚假不实的幻境中，“处时决定”“相续不决定”、虚妄之境也可“作用”的道理也是成立的。不能由于这几种道理的成立就确定外物环境的实有。有颂文继续解释说：

一切如地狱，同见狱卒等，
能为逼害事，故四义皆成。

颂文的意思是：用一个地狱的例子就可以证明“处时决定”等几种道理的成立。颂文中的“地狱”是指在地狱中接受惩罚的罪人们。地狱里并没有真实的具有生命的狱卒、鬼吏等事物，但这些罪人由于过去的罪恶而引起的报应，他们会同时、同地共同看见狱卒、狗、铺满火铁的地面、充满刀剑的树林等事物来惩罚他们。这些事物是由堕地狱者的过去罪过而引起的幻觉报应，堕地狱者会在一定的时间、地点共同看到它们，也因此感到恐怖、痛苦。所以，即此一个事例，就可以说明“处时定”“相续不定”“作用成”在不实幻境中也能成立。

为什么本论认为这些狱卒等事物只是不真实的幻觉呢？因为，一、这些狱卒不是犯罪者，不应堕入地狱。没有理由使他们也成为堕地狱者。二、如果说这些狱卒是因犯罪而下地狱，那么，他们与堕地狱者应同受惩罚，而不应由这些狱卒来惩罚、管制这些堕地狱者。三、如果狱卒和堕地狱者是同类的众生，他们之间的形体、重量、气力的大小就不应有太大的差异，也就不会只是堕地狱者一方面受狱卒的迫害。这些狱卒也会像堕地狱者一样不能忍受火铁地面猛烈而持久的燃烧所带来的痛苦。驳难者提出不同的看法：狱卒可以是实际的具有生命的人，并且在地狱中不同受堕地狱者所要接受的惩罚。地狱中可以有两类众生：一是受惩罚的堕地狱者，一是执行惩罚的狱卒。就像天上有“傍生”（畜生），但他们并不属于天道。本论认为，这种说法不能证明狱卒也是真实的生命。

原典

颂曰：

如天[①]上傍生，地狱中不尔[②]，

所执[3]傍生鬼，不受彼苦故。

论曰：诸有傍生生天上者，必有能感彼器[4]乐业生，彼定受器所生乐。非狱卒等受地狱中器所生苦。故不应许傍生鬼趣生[5]那落迦。若尔，应许彼那落迦业增上力生异大种[6]，起胜[7]形显量力差别，于彼施设狱卒等名。为生彼怖，变现种种动手足等差别作用[8]。如羝羊山[9]乍离乍合，刚铁林刺[10]或低或昂。非事全无然不应理。颂曰：

若许由业力[11]，有异大种生，
起如是转变，于识何不许？

论曰：何缘不许识由业力如是转变而执大种？复次，颂曰：

业薰习[12]余处[13]，执余处有果，
所薰识[14]有果，不许有何因？

论曰：执那落迦由自业力[15]生差别大种，起形等转变。彼业薰习理应许在识相续[16]中，不在余处。有薰习识，汝便不许有果转变；无薰习处翻[17]执有果。此有何

因？有教为因。谓若唯识似色等现，无别色等，佛不应说有色等处[18]。此教非因，有别意[19]故。

注释

①**天**：是高于人类的天神、天众居住的地方。欲界、色界、无色界中都有天：欲界六天，色界十七天（也有说十八天），无色界四天。应该注意的是“天”并不是指天空。“天”也可指天神、天众，是五道之一。

②**不尔**：不一样、不如此。

③**所执**：所提到的、所具有的。执，掌握、把持。

④**器**：器具、设备、工具。

⑤**趣生**：投生、转世。趣，投生、转世的趋向。共有五趣，即地狱、饿鬼、畜生（或傍生）、人、天。

⑥**异大种**：类别不同的四大种法。四大种法，指构成物质世界的四个基本元素：地、水、火、风，亦称“四大”。世界万物和人的身体均由“四大”组成。

⑦**胜**：特别、突出。

⑧**差别作用**：各种不同的作用。

⑨**羝羊山**：山名，是地狱中的一种恐怖事物。羝，公羊。

⑩**刚铁林刺**：像树林一样密布的铁刺。用来形容

地狱的恐怖。

⑪ **业力**：业的作用。有什么样的作为（业），就有什么样的果报。业对果报的决定性，就是业的作用。

⑫ **薰习**：众生的所作所为（业因）对阿赖耶识内部的种子的影响或薰染。种子记录下此“业因”，就会在世俗生活中现起相应的报应（果报）。所以，从“业因”到“果报”的过程是：“业”薰习种子，由种子记下此“因”；受薰种子或载因种子就会现起一定的“果报”。

⑬ **余处**：其他地方，指阿赖耶识内部的种子。“其他”是相对于前文的“四大种”来说的。

⑭ **所薰识**：受薰的心识，指阿赖耶识。只有阿赖耶识内部的种子才能接受薰习。参见注⑫。

⑮ **自业力**：自己的所作所为决定自己的现实果报，称自业力。

⑯ **识相续**：相续不断的心识，指阿赖耶识。

⑰ **翻**：表示一种惊奇、不敢相信的语气。相当于竟然、反而等。

⑱ **有色等处**：属于物质现象范畴的五根和五境。处，处所、门户。这里指发生意识的地方或门户。五根是五识得以产生的生理基础，即眼、耳、鼻、舌、身。五境是五识的感知对象，即色、声、香、味、触。五根与五境本身均是物质现象，所以称为“有色处”。如果

再加上“意处”（意根）和“法处”（思维的对象），就构成内外十二处。参见前文对《百法明门论》的有关注释。

⑲ **别意**：另有意蕴，别有意义。

译文

有颂文解释说：

如天上傍生，地狱中不尔，
所执傍生鬼，不受彼苦故。

颂文的意思是：天上的“傍生”虽不属于天道，但它们却能和一般的天人同享天上的欢乐。地狱里的狱卒却不和一般堕地狱者感受同样的痛苦。所以，用天上的“傍生”和地下的狱卒进行模拟并不恰当。天上“傍生”的例子无法证明地狱里的狱卒是真实的生命。于是，驳难者对狱卒的出现又提出新的解释：由于堕地狱者受报应力的延伸作用，使堕地狱者的周围环境在形状、大小、力度上都起了变化。这是报应力感应了堕地狱者周围的构成世界的基本元素的四大种法（地、水、火、风）的缘故。于是，堕地狱者就会觉得有人向他们逼迫过来，动手动脚地惩罚他们，还会恐怖地看到“羝羊山”的忽分忽合，“剑铁林”的忽高忽低。总括这些惩罚现象就是狱卒。本论认为此种解释有一定的道理，但并不全对。颂文解释说：

若许由业力，有异大种生，
起如是转变，于识何不许？

此颂的意思是：为什么只承认由堕地狱者的报应力感应“四大种法”而引起种种惩罚现象的产生，而不许堕地狱者的感应力在堕地狱者自身内识中变现起“狱卒”等现象。下面的颂文仍是对驳难者的反驳：

业薰习余处，执余处有果，
所薰识有果，不许有何因？

颂文的意思是：你们（指驳难者）认为由于堕地狱者以前的罪过薰染了识内部决定报应的种子，这种决定报应的力量会在地狱中引起“四大种法”的变化而产生“狱卒”等现象。这是不合道理的。因为，既然承认堕地狱者的报应力感染的是内识中的种子，而不是识之外的“四大种法”（余处），报应现象的变化就应该直接由堕地狱者的内识引起，而不必再借助不受薰染的“四大种法”。这就是说，一切的结果都是受薰染的“识”所引起，没有离开“识”而独有的现象。“狱卒”等事物只能由“识”变现而起，而不会是“四大种法”的产物。驳难者又反驳说：佛陀有过“内外处”的说法，“内外处”的前十处（指眼、耳、鼻、舌、身、色、声、香、味、触）全是“有色处”。如果真是识外无色（外物），为什么佛陀还提到“有色处”呢？本论认为此说仍不能证明有离识独有的事物。佛陀宣讲“有色处”的教义，是另有意蕴，并不是承认识外有色。

原典

颂曰：

依彼所化生[①]，世尊密意趣[②]，
说有色等处，如化生有情[③]。

论曰：如佛说有化生有情，彼但依心相续不断能往后世密意趣说，不说实有化生有情。说无有情我但有法因[④]故。说色等处契经亦尔。依所化生宜受彼教密意趣说，非别[⑤]害有。依何密意说色等十[⑥]？颂曰：

识从自种[⑦]生，似境相[⑧]而转，
为成内外处[⑨]，佛说彼为十。

论曰：此说何义？似色现，识从自种子缘合转变差别而生。佛依彼种及所现色，如次说为眼处色处[⑩]。如是乃至似触现，识从自种子缘合转变差别而生。佛依彼种及所现触，如次说为身处触处[⑪]。依斯密意说色等十。此密意说有何胜利[⑫]？颂曰：

依此教[⑬]能入，数取趣[⑭]无我[⑮]，
所执[⑯]法无我，复依余教[⑰]入。

论曰：依此所说十二处教[⑱]受化者，能入数取趣无我。谓若了知，从六二法[⑲]有六识[⑳]转都无见者，乃至知者。应受有情无我[㉑]教者，便能悟入有情无我。复依此余说唯识教[㉒]受化者，能入所执法无我。谓若了知唯识现似色等法起，此中都无色等相法[㉓]。应受诸法无我教者，便能悟入诸法无我。若知诸法一切种[㉔]无入法无我，是则唯识亦毕竟无何所安立。

非知诸法一切种无乃得名为入法无我。然达愚夫遍计所执自性[㉕]差别诸法无我，如是乃名入法无我。非诸佛境离言法性[㉖]亦都无故名法无我。余识[㉗]所执此唯识

性其体亦无，名法无我。不尔，余识所执境有，则唯识理应不得成，许诸余识有实境故。由此道理，说立唯识教，普令悟入一切法无我。非一切种拨有㉘性故。

复云何知佛依如是密意趣说有色等处？非别实有色等外法为色等识各别㉙境耶？

注释

① **化生**：接受教化的众生。化，教化。生，众生。

② **密意趣**：深奥的意义。密，深奥难测。意趣，意蕴、意义。

③ **化生有情**：接受教化的有情众生。有情，指有情感、情爱的生物，相近于现在所谓动物。众生与有情意义相同。

④ **法因**：有佛法为因，指有正确的根据。法在佛教里的意思很多，这里指佛法真谛。

⑤ **别**：另外、其他。

⑥ **色等十**：指十种“有色处”，即“内五处”：眼、耳、鼻、舌、身；“外五处”：色、声、香、味、触，也就是“五根”和“五境”。它们分别指五种感觉器官及其对应的感觉对象。参见前文注⑱。

⑦ **自种**：普通识（前七识）的产生均以根本识

（第八识）的种子为根源，这就是“识”生于“识”的自身种子。

⑧ **境相**：有两重意思，一是外境物像，一是镜中之相。佛教中的大乘学派，常把外境物像、世间万物比喻成镜子里的物像，来说明世间万物（外法）的虚幻不实。

⑨ **内外处**：是“内处”与“外处”的合称。处，指识产生的场所。“内处”是六种认识器官，即“内六处”：眼、耳、鼻、舌、身、意。“外处”是与“内处”相应的六种认识对象，即“外六处”：色、声、香、味、触、法。所以，“内外处”又称“十二处”。参见前文注⑱。

⑩ **眼处色处**：指眼睛及可视的外物对象。参见注⑨。色处，指有颜色、形状的事物。这里的“色”是视觉的对象，而不是泛指一切物质现象。参见《百法明门论》的有关释文。

⑪ **身处触处**：指身体及可触及的对象，身处是内，触处是外。参见前注⑩。

⑫ **胜利**：特别的优点。

⑬ **此教**：即“内外处”的教义。参见注⑨。

⑭ **数取趣**：梵文“补特伽罗”的意译，指屡屡在五趣中不断轮回的主体，即“我”或众生。佛教认为众生处于五趣轮回的变易中，没有一个永恒而稳定的自我。

⑮ **无我**：没有“自我”，没有“自体”。佛教认为

没有“自我”的东西必然处在不断的变易、生灭之中，因而是不真实的东西。所以“无我”即是没有“自我”，没有“自性”，没有“自体”，即是变易或“空”。大乘佛教所提的我（众生）法（外物）二空，也可说成是人无我和法无我。参见《百法明门论》的有关释文。

⑯ **所执**：所认为的、所掌握的。执，掌握、把持、贪着，是佛教常用的词语。

⑰ **余教**：指不同于“内外处”教的“唯识”教，即关于“万法唯识”的佛教教义。

⑱ **十二处教**：即“内外处”教。所谓“内外处”即是内六处和外六处的合称，也称“十二处”。参见注⑨。

⑲ **六二法**：即“内外处”教。“内外处”是内六处和外六处的合称，又可称“六二法”。参见注⑨。

⑳ **六识**：指八识中的前六识，即五种感觉和第六意识。六识就是由“十二处”两两形成：眼和色成眼识，耳和声成耳识，鼻和香成鼻识，舌与味成舌识，身与触成身识，意与法成意识。参见注⑨。

㉑ **有情无我**：亦可称众生无我或人无我，也是大乘教所说的“我法二空”中的“我空”。

㉒ **唯识教**：万法唯识的教义。此教的主要观点是：众生与万物都是有生灭流转的虚幻假有。唯有阿赖耶识是没有变易的本体，是万事万物的根源。如果从佛

法真谛的角度说，“唯识”亦可指“唯识性”，即“三自性”“三无性”的中道智慧。详细可参见《唯识三十论》的释文。

㉓ **相法**：现象。

㉔ **一切种**：一切的根源。

㉕ **遍计所执自性**：“三自性”中的第一种。意思是：世俗的意识状态（指前六识和第七末那识）总是以外界事物以及关于外界事物的概念认识为真实。遍计，全部、周遍的计度或思考。自性，本性。另外二种自性是“依他起”和“圆成实”。

㉖ **离言法性**：不是靠语言名相能掌握的佛法真理。佛教认为真正的智慧只有靠内心的直接体认，而非名言化的理论认识。智能、真理不是语言本身。法性，本质、真理。

㉗ **余识**：非阿赖耶识的普通识（前七识）。

㉘ **拨有**：没有。拨，除掉、去除。

㉙ **各别**：各个、分别。

译文

有颂文解释说：

依彼所化生，世尊密意趣，
说有色等处，如化生有情。

颂文的意思是：有一部分众生，特别痴迷于“自我”的观念。凡是“我见”“我闻”“我知”都以为是绝对的正确。佛陀所宣讲的“内外处”说是说明众生的普通识或虚妄识的产生是有一定的根据（依）和一定的条件（缘），以教化这些痴迷的众生不要执着于虚妄的主观自我。这与佛陀提到的“有情众生”一样。佛陀并不承认“有情众生”是离“识”独立的实有，“有情众生”只是“阿赖耶识”不断地从前世到后世的连续。下面的颂文进一步说明佛说“内外处”的深妙意蕴：

识从自种生，似境相而转，
为成内外处，佛说彼为十。

此颂的意思是：前五种普通识（指眼、耳、鼻、舌、身等五识，相当于五种感觉识）的产生，一方面要依赖感觉器官（眼根、耳根等，即内外处的前五种内处），另一方面要有识的对象（外在境相，即内外处的后五种外处）。它们都是心识种子（阿赖耶识种子）缘合转变的产物。具体地说：眼识产生的过程一方面依赖眼睛器官，另一方面也离不开作为眼识对象的有颜色、有形状的外境。佛陀称眼睛器官为内处，外境对象为外处，用以说明眼识产生的过程和根据。以此类推，五种识就有相应的五种内处和五种外处。这些普通识及其识对象都是心识种子变化生起的产物，并不是真实的存在。驳难者仍然不明白“内外处”说的究竟意义。颂文继续解释：

依此教能入，数取趣无我，
所执法无我，复依余教入。

此颂的意思是：根据上述“内外处”的说法，我们可以知道，所谓见、闻、觉、知的种种识活动，不过是由生理结构和心理功能的“内处”与外境对象的“外处”相互结合的产物。这些活动的后面并没有一个稳定的“自我”作为主宰。比如，“见”只是“眼根”和“色境”相互作用后的一种生理、心理活动，并没有一个个体的“自我”作为“能见者”，作为见的主体。这就是“无我见”的道理。由此意义的延伸，我们可进一步了解“众生无我”和“法无我”的道理。首先，众生是永远处在五道轮回、三世（前世、现世、来世）相续的过程中；每一个生命体，都没有一个稳定、永恒的

“自我”，而只有不停的流逝和零碎的组合。所以，众生没有真实的实体即“众生无我”。其次，世间万物（外界色法）只是作为识的对象而出现，它们并不是无条件的独立存在。由此，我们可以理解世间诸法也没有稳定、独立的自我。这里有一个容易产生疑问的地方：如果说诸法万物和芸芸众生都不是真实而独立的存在，那么，又如何理解识自身的独立呢？

我们所说的“一切法无我”，并不是指任何事物都没有独立、永恒的实体。不然的话，连佛的境界，阿赖耶识的绝对根本性也会被否定掉。提出“诸法无我”的义理，只是要否定被凡夫俗子的虚妄识执为实有的外界事物、名相概念的实在性。清净、永恒、深细的阿赖耶识作为万事万物的起源是真实不假的。这就是“诸法非有”“心识非无”的微妙意蕴。如果把可以离境独有的心识以及可以作为诸法本源的心识的真实性也给“无”掉，“三界唯识”的道理就不能成立了。所以，理解唯识教义的关键是：一方面要悟得凡夫众生、虚妄识、世间诸法的虚假不实，同时也要悟得心识的真实不虚。

驳难者仍有疑问：为什么说佛陀的真意就是要否定外境万物的实有呢？又为什么说外境万物只是识的变现而不是真实的存在呢？

原典

颂曰：

以彼境非一[①]，亦非多极微[②]，
又非和合[③]等，极微不成故。

论曰：此何所说？谓若实有外色等处，与色等识各别为境。如是外境或应是一，如胜论[④]者执有分色[⑤]。或应是多，如执实有众多极微各别为境。或应多极微和合及和集[⑥]，如执实有众多极微皆共和合和集为境。

且彼外境理应非一，有分色体异诸分色[⑦]不可取故。理亦非多，极微各别不可取故。又理非和合或和集为境，一实极微理不成故。云何不成？颂曰：

极微与六合[⑧]，一应成六分[⑨]，
若与六同处，聚[⑩]应如极微。

论曰：若一极微六方各与一极微合，应成六分，一处无容有余处故。一极微处若有六微，应诸聚色[⑪]如极微量，展转相望不过量[⑫]故。则应聚色亦不可见。

加湿弥罗国[⑬]毗婆沙[⑭]师言：非诸极微有相合义[⑮]，

无方分[16]故离如前失，但诸聚色有相合理有方分故。此亦不然。颂曰：

极微既无合，聚有合者谁？
或相合不成，不由无方分。

论曰：今应诘[17]彼所说理趣[18]。既异极微无别聚色，极微无合[19]，聚合者谁？若转救言聚色展转亦无合义，则不应言极微无合无方分故，聚有方分亦不许合故。极微无合不由无方分，是故一实极微不成。又许极微合与不合，其过且尔[20]。若许极微有分无分[21]，俱为大失。所以者何？

注释

①**彼境非一**：作为识对象的外物世界不是一个单一的整体。彼境，外境，识的对象。一，一体，与多元组合（多）相对。

②**极微**：构成外物世界的最小单位，是通过对物质现象（色）的组成的分析，分析到不能再分析的极微小元素。佛教中有人认为，宇宙万物就是由“极微”两两逐渐组合而成。

③ **和合**：多元的成分泯灭自我地融合为一体，如水乳交融。

④ **胜论**：早期印度哲学中的一个流派，其思想渊源最早可追溯到梵书和奥义书。胜论派的创始人相传为迦那陀（约公元二世纪），根本经典是《胜论经》。胜论派的主要思想是宇宙组成论，有“句义论”和“极微论”。

⑤ **有分色**：可以分析出组成部分的物质现象。有分，有成分，可分析。从最大的色（整个世界）至极微以上都可称为“有分色”。

⑥ **和集**：多元成分不失自我地组合起来。如集树成林。

⑦ **分色**：组成成分。一种较大的物质（聚色）总是由几种较小的成分（分色）组成。“分色”与“聚色”相对。

⑧ **六合**：空间的六个方向：东、西、南、北、上、下。

⑨ **六分**：六个部分。

⑩ **聚**：指各成分的组合。“聚”与“分”相对。

⑪ **聚色**：由各种成分积聚而成的物质现象。与“分色”相对。参见注⑦。

⑫ **量**：数量，这里比喻没有体积。量，亦可指思量、思维，是佛教的重要范畴。

⑬ **加湿弥罗国**：印度国名的音译。

⑭ **毗婆沙**：人名音译。

⑮ **相合义**：指“极微”相互聚合而组成世界万物的义理。

⑯ **方分**：方向的分别，指东、南、西、北、上、下“六合”。有“方分”则有空间。

⑰ **诘**：诘难、反驳。

⑱ **理趣**：意趣、义理。

⑲ **无合**：不能相互聚合。如果“无合”，世间事物就不该有组成部分。

⑳ **且尔**：相同、一样。

㉑ **有分无分**：指有方分或无方分。方分，指各种方位。参见注⑯。

译文

有颂文继续解释：

> 以彼境非一，亦非多极微，
> 又非和合等，极微不成故。

此颂的意思是：如果承认世间万物是真实独立的外境，那么，下面关于外境的三种说法中应该有一种可以成立。一、外境是单一的整体。胜论师提出过“有分色”的理论。他们主张：世界的一切现象，都是由阴性极微和阳性极微两两相合而构成。极微是构成一切事物的不可再分的微小成分。极微相结合构成子微（是子极微的简称），子微之间再相结合，如此下去直至构成整个世界。整个世界仍然是单一的整体。（如同许多单细胞逐渐组成一个人体）我们可以分析出这个整体世界的各种层次的成分，这些成分就被称为“有分色”（意为可分的物质世界）。二、外境是多元的极微世界。每个极微都是独立的实在，可以直接是识的对象。三、外境是极微的“和合”或“和集”。所谓“和合”是指众多的极微泯灭自身地融合起来，如水乳交融。所谓“和集”，是指众多的极微不失自体地组合起来，如集树成林。

本论认为，上述三种关于外物世界的说法都不能成立。这是因为：一、整体世界既然依赖“分色”构成，离开“分色”（诸如眼睛）怎么会有另外的世界作为认识对象呢？所以，外境不是单一的整体。二、单个的极微不能成为感觉的对象。极微最为细小，不能在前五识中现起它的影像。所以，多元的各自实在的极微世界也不是什么外境世界。三、实际上，极微不但不能被五识所感觉，而且极微根本就不是真实的存在。这样，极微的“和合”或“和集”也就无从谈起。驳难者不失时机地发问：为什么极微的说法不能成立呢？下文的颂文就是说明极微的不可能：

极微与六合，一应成六分，
若与六同处，聚应如极微。

此颂的意思是：凡是有实体的东西，都会占据一定的空间。如果极微也是一种实体的话，那它也会占有空间。既然占有空间，就可以从极微的体积上区分出东西南北上下六种方向。这样，我们就可以依六种方向把极微分成六个部分。这显然和极微的不可再分的本义相矛盾。如果说极微不占空间而又有六种方向，那么，由极微相聚合而成的外物世界也会同极微一样不占空间。这样的事物是不可见的。所以，极微是实体不能成立。

有加湿弥罗国的毗婆沙论师提出一种补救的说法：极微是世界最小的组成单位，不占空间，没有大小；但是，一旦极微相合聚合，就会构成占有空间，有一定实体的物质世界。本论认为，这种补救也不能成立。有颂文解释说：

极微既无合，聚有合者谁？

或相合不成，不由无方分。

此颂的意思是：离开极微，就谈不上由其聚合而成的万事万物。如果极微没有体积大小，也不能构成有实体的物质。如同空气不能变成坚实的铁木！驳难者会辩解说：有体积的物质并不一定源于细微成分的聚合。这就等于否定了极微可以作为细微组合元素的本义。所以，极微占据空间或不占据空间的说法均是自相矛盾，不能成立。实际上，这都根源于所谓的极微并不存在。

原典

颂曰：

极微有方分，理不应成一，
无应影障①无，聚②不异无二③。

论曰：以一极微六方分异，多分为体，云何成一？若一极微无异方分；日轮④才举光照触时，云何余边⑤得有影现？以无余⑥分光所不及，又执极微无方分者，云何此彼展轮相障⑦？以无余分他所不行，可说此彼展转相碍。既不相碍，应诸极微展转处同，则诸色聚同一极微量。过[8]如前说。云何不许影障属聚不属极微？岂异极微许有聚色发影为障？不尔。若尔聚应无二。谓若聚色不异极微，影障应成不属聚色，安布差别[9]立为极微或立为聚？俱非一实[10]，何用思择极微聚为？

犹未能遮[11]外色等相。此复何相？谓眼等境亦是青等实色[12]等性，应共审思。此眼等境青等实性，为一[13]为多[14]？设尔何失？二俱有过。多过如前，一亦非理[15]。颂曰：

一应无次行[16]，俱时[17]至未至，
及多有间事[18]，并难见细物[19]。

论曰：若无隔别所有青等，眼所行境执为一[20]物，应无渐次行大地理。若下一足至一切故。又应俱时于此于彼无至未至，一物一时，理不应有得未得故。

又一方处，应不得有多象马等有间隙事[21]。若处有一亦即有余，云何此彼可辩差别？或二如何可于一处有至不至中间见空。

又亦应无小水虫等难见细物，彼与粗物[22]同一处，所量应等故。若谓由相此彼差别即成别物[23]不由余义，则定应许此差别物，展转分析成多极微。已辩极微非一实物。

是则离识眼等色等，若根若境皆不得成。由此善成唯有识义[24]。诸法由量[25]刊定有无，一切量中现量[26]为胜。若无外境宁有此觉[27]？我今现证[28]如是境耶！此证不成。

注释

① **影障**：能形成影子的障碍物。比如墙。

② **聚**：指聚色，即由多种成分组合而成的物质现象，与“分色”相对。参见前文注⑪。

③ **无二**：没有区别，同是一体。

④ **日轮**：太阳。

⑤ **余边**：周边、轮廓。

⑥ **无余**：没有轮廓。

⑦ **展轮相障**：车轮与车轮相互障碍。展轮，滚动的车轮。

⑧ **过**：过错。

⑨ **安布差别**：为何设置差别。安，疑问词，相当于“为何”。

⑩ **一实**：一种真实的存在。实，真实、实际、实体。

⑪ **遮**：盖住、去掉。这里指对外境实有的否认。

⑫ **青等实色**：实际存在的青颜色或青颜色的事物。

色，这里可解释为颜色、大小、形状等视觉对象；亦可解释为物质现象的总称。

⑬ **一**：单一的无成分的整体。

⑭ **多**：多元组合的世界，其中的多元成分分别独立。

⑮ **非理**：不合道理。

⑯ **次行**：一步一步渐次地行走。

⑰ **俱时**：同一时间。

⑱ **有间事**：有空间间隔的事物。间，间隙、间隔。

⑲ **细物**：细小、微小的事物。与“粗物”相对。

⑳ **执为一**：认为是“一”。

㉑ **间隙事**：有间隙的事物。

㉒ **粗物**：较大的物体，与细物相对。

㉓ **别物**：另外（较大）的物体。

㉔ **唯有识义**：世间万物皆是虚幻不实（根境皆不得成），唯有阿赖耶识是世间万物的真实本源。这是从万物起源的角度来立论“唯识”义。

㉕ **量**：数量、尺度、标准，指认识形式或判定知识真伪的标准。有现量、比量、非量三种。现量，是非语言的感觉或直觉；比量，是依靠语言概念的推理认识；非量，指错误的认识。

㉖ **现量**：即感觉或直觉，是感觉器官对于事物属性的直接反映，不依赖语言概念活动。分似现量和真现

量，似现量是被幻相所迷惑的错觉，真现量则是对事物的直接认识或直接经验。

㉗ **觉**：感觉、直觉。这里指上文提及的“现量”。参见上注。

㉘ **现证**：现时现场的证明，是“现量”直觉的功能。

译文

下面的释文继续解释：

极微有方分，理不应成一，
无应影障无，聚不异无二。

此颂的意思是：如果说极微占据空间，它就有六种方向，就可以被分成六个部分。这与极微的不可再分性相矛盾。如果说极微不占据空间，不是实际的质体，那么，由极微组合而成的物体就不应有体积，自然也没有轮廓。阳光照在这样的物体上面，物体的背后就不会有阴影。这样的物体之间也不会相互碰撞，好比一个人可以随便穿墙而过。可是，实际上并非如此。我们就只能认为，实际的占有空间的物体与没有体积的极微毫无关联。但是，原本关于极微的理论，却认为离开极微就没有世界万物。极微理论是如此的自相矛盾，我们怎能认为极微是真实的存在呢？

驳难者还是继续争辩说：你们虽然破斥了极微的实有性，却仍未能否定掉事物外境的实有性。比如，我们的眼睛所看到的种种有颜色、有大小的事物，都是实有的物体。本论反问道：你所说的外物世界是单一的整体还是多元分别的组合世界？驳难者颇有疑惑地问道：是单一是多元又当如何呢？本论认为：说外物世界是“一”或“多”都不能成立。既然外物世界既不是“一”也不是“多”，外物世界就只能是虚无不实的。前面已论证过多元的极微世界不能成立，下面的颂文继续破斥世界是单一整体的说法：

一应无次行，俱时至未至，
及多有间事，并难见细物。

此颂的意思是：如果外境是单一的整体世界；那么我们行走大地就不应该是一会走到这里，一会又走到那里，而应是一下脚就走到一切地方。因为整个世界就只是一个地方。同样，我们应在同一时间一下看见全部世界；而不是一会儿看见这个一会儿看见那个。

既然世界只是单一的整体，它不应该具有相互间隔的组成部分，不应有许多大象、马匹之类站在一起的情形。因为它们已是互相有间隙的单元。整体世界的“部分”之间应该是浑然一体，毫无间隙的。实际上，单元整体世界是没有“部分”的。我们不可能把“一个”东西同时放在两个地方；如同我们不可能把“两个”东西放在一个地方而彼此间没有空隙。

既然世界是“一”，也就不存在较细微的小水虫等物。“一个”事物之间是无所谓大小的。就像一个杯子，如果没有其他物品与其比较，我们就说不出这个杯子的大小。也无所谓大小，这个杯子就是这个杯子。但是，我们知道：事物之间是有间隔的，难以看见的细小水虫也是有的；我们也是一步走一个地方，一会儿看见甲物，一会儿又看见乙物。可是，如果我们要问这些多样分别的事物究竟是如何组成的，就必然会逐渐分析到不能再分析的极微上去。而前文已经证明了极微并不存在。

所以，外境世界是“纯一”或是“杂多”均不成立。外境世界并非实有。驳难者对此又提出疑问：为什么我们能常常感觉到外在环境呢？本论认为：外境只是由我们的识变化生起的幻境幻象。这正是“三界唯识”的关键义理。驳难者反驳道：世间万物的“有”与“无”要由我们的现量直觉来决定。如果没有外在万物的话，我们又怎么会有外境的直觉呢？本论认为这种直觉证立外境的说法是不能成立的。

原典

颂曰：

现觉[①]如梦等，已起现觉时，
见及境[②]已无，宁许有现量！

论曰：如梦等时虽无外境，而亦得有如是现觉。余时[③]现觉应知亦尔。故彼引此为证不成。又若尔时有此现觉，我今现证如是色等，尔时于境能见已无。要[④]在意识能分别故，时[⑤]眼等识必已谢故。

刹那论[⑥]者有此觉时，色等现境亦皆已灭。如何此时许有现量！要曾现受意识能忆，是故决定有曾受境[⑦]。见此境者许为现量，由斯外境实有义成。如是要由先受后忆[⑧]，证有外境理亦不成。何以故？颂曰：

如说似境识[⑨]，从此生忆念。

论曰：如前所说虽无外境，而眼识等似外境现。从此后位[10]与念相应。分别意识似前境[11]现，即说此为忆曾所受。故以后忆[12]，证先所见实有外境。其理不成！

若如梦中虽无实境，而识得起，觉时亦然。如世自知梦境非有，觉时[13]既尔何不自知？既不自知觉境非有，宁如梦识实境皆无！此亦非证[14]。颂曰：

未觉不能知，梦所见非有。

论曰：如未觉位[15]，不知梦境非外实有[16]，觉时乃知。如是世间虚妄分别串习惛熟[17]如在梦中，诸有所见皆非实有。未得真觉[18]不能自知。

若时得彼出世[19]对治无分别智[20]，乃名真觉。此后所得世间净智[21]现在前位[22]。如实了知彼境非实，其义平等[23]。若诸有情，由自相续转变差别，似境识起不由外境为所缘生[24]。彼诸有情近善恶友[25]闻正邪法[26]，二识[27]决定。既无友教[28]此云何成？非不得成。

注释

① **现觉：** 现在、当场的觉醒或直觉，与梦境和回忆相对。

② **见及境：** 视觉活动和视觉对象。

③ **余时**：其他时间、其他情况。这里是与梦境相对的现觉。

④ **要**：主要、要旨。

⑤ **时**：当时、那时。

⑥ **刹那论**：佛教理论的一支，主张“念念灭”，随着意念刹那般地灭亡，意识活动和意识对象也是“刹那灭”。刹那论者以此来否认世俗世界的实有。

⑦ **曾受境**：曾经接触过的外物对象。

⑧ **先受后忆**：先是感觉外物对象，然后回忆当时的感觉。受，感觉、感受。

⑨ **境识**：具有相应认识对象的认识活动，即“八识”中的前六识：眼、耳、鼻、舌、身、意，它们的认识对象（对境）分别是：色、声、香、味、触、法。

⑩ **后位**：在时间上处于后面。

⑪ **前境**：面前的认识对象。

⑫ **后忆**：指前文所说的先有感觉，然后有对当时感觉的记忆。

⑬ **觉时**：醒着的时候，与梦境相对。

⑭ **非证**：证明不能成立。

⑮ **未觉位**：没有醒的时候。

⑯ **非外实有**：不是外在的实有。外，外在的、意识之外。

⑰ **串习惽熟：** 昏暗不明，总是昏昏然熟睡的样子。串习，根深蒂固的习惯。惽熟，昏昏熟睡。惽通昏。

⑱ **真觉：** 真正的觉醒。佛教认为，世俗众生虽不在睡梦中仍不能算是真正的觉醒。因为他们时时处在虚妄的偏见、顽固的陋习之中，并不了解宇宙人生的真谛，犹如处在睡梦昏昏之中。只有破除世俗中的种种谬误，透悟众生万物的虚幻，才算是获得清净圆满的智慧，才算是“真觉”。

⑲ **出世：** 佛教有世间与出世间的说法。世间是不断迁流变化的世界，包括众生世间（有情众生）和器世间（万物）。出世是指永恒、绝对的世界，是佛的世界。一般认为三界之外才是出世。

⑳ **无分别智：** 破除能知（认识能力）和所知（认识对象）之间的区别的智慧。佛教认为众生在世间所执的种种分别是虚妄分别。这些分别（对万物的各种概念认识）是导致众生以为万物是实有的重要根源。破除了能知（识）与所知（境）之别，就证立了外境为虚无。所以，无分别智是了悟佛理的基本形式。

㉑ **世间净智：** 面对世俗世界（处于世间）而不受污染的智慧。佛教所说的清净圆满的智慧不是避开世间而是即使处于世间也不动心，不受污染。

㉒ **现在前位：** 出现在面前。

㉓ **其义平等**：相同或相近的意义。

㉔ **缘生**：据一定的条件而产生。佛教中也有“十二缘生”的说法，即“十二因缘”，从“无明”到“老死”。缘，根据、条件。佛教把有条件的事物（因缘而生）都称为假有。

㉕ **善恶友**：善友和恶友。友，周围的人。

㉖ **正邪法**：正法和邪法。

㉗ **二识**：指接受教化者的心识和施教者的心识。

㉘ **友教**：周围人的教化，出自友人的教诲。

译文

有颂文解释说：

现觉如梦等，已起现觉时，
见及境已无，宁许有现量！

此颂的意思是：人在梦中所见的景象都是虚幻不真实的。但人在做梦时却会直觉到各种各样的外境物像，并以为是实际事物。由此推想而知，我们不能仅靠主观直觉来证明外在环境的真实性。直觉无法正确地告诉我们是在梦中还是醒着。比如，患有眼病的人，会把空中的月亮看成两个。如果他仅靠自身的感觉来证实外界事物的话，他会认为天上就是有两个月亮。这种证实可靠吗?

其实，我们根本没有一个确定不变的直觉。让我们认真想一下：当我们觉得自己有某种直觉的时候，实际上只剩下了对这种直觉的回忆，这种直觉已经成为过去了。我们永远抓不住一个现时现场的直觉。所以，我们又怎么能由一种根本不确定的直觉去推证外在世界的状况呢?

有一种“刹那灭”的学说，主张人的意念随时成为过去，一闪即逝。念念产生，念念流逝。产生与灭亡都在刹那之间。人的直觉也是如此刹那间的幻灭。我们没有“现在”，没有“现在”的直觉，也不会有与这种直觉相对应的确定的外物对象。

驳难者继续争辩：尽管我们对外物的直觉已经成为过去，我们却可以依靠“回忆”想到我们确实有过这样的直觉。我们就可以推证确实有过与直觉相应的外物环境。如果没有外在环境，就不会有关于外境的直觉，也不会有对直觉的记忆。

本论认为由“回忆”来推证直觉的说法不能成立。有颂文解释说：

如说似境识，从此生忆念。

此颂的意思是：前文已经提到唯识宗的观点：虽然没有离开识之外的实际物境，但是，当意识活动产生时，意识同时产生出自己的感知对象，使我们觉得好像有真实的外在环境。实际上，所谓外境只是由识变化生起的虚幻境相。所以，应该是“先”有意念“后”有作为意念对象的外物环境。而我们常常错误地以为是，先有独立的外物对象，后有关于对象的直觉意识。

再以做梦为例。梦中的各种景象，无疑都是虚幻不实的假有。因为，它们都是意念的产物：随意念而生，随意念而灭。即使在我们清醒的时候，意念与外境对象的关系仍是如此。

驳难者对此提出反驳：我们在清醒的时候都知道梦境是虚幻假有。我们在清醒时，仍然有关于外在景象的种种直觉。难道“梦境”与“实境”是一样的虚幻吗？我们却都是千真万确地感到“梦境”与“实境”的区别啊！显然，武断地用梦境来比拟实际情况，是没有道理的。

本论则认为：所谓众生的“清醒”是不存在的。有颂文解释说：

未觉不能知，梦所见非有。

此颂的意思是：正在做梦的人，不会知道梦中景象是虚是实。只有醒来以后，才明白梦境的虚幻。众生在俗世间并没有真正觉醒过来。他们自以为清醒，实际仍然处在睡梦般的昏昧无知之中。他们自然不能觉知外境对象并非实有，而只是意识活动引发而起的虚幻境相。

真正的觉醒被称为真觉。凡夫众生只有在破除了俗世生活中所养成的顽固偏见，悟出外在世界并非离识独有的道理之后，才有可能从昏昧转向清醒，从无知转向真觉。就像从睡梦中醒来，恍然大悟：原来只是一场幻梦！

本论认为，精神意识活动是自由自在的过程，并不依赖所谓的外物环境。驳难者对此提出一种反驳：如果意识活动自生自灭，不待外界的影响；那么，为什么亲近善友、听闻正法的人就容易获得正确的智慧，而亲近恶友、听闻邪见的人就容易变得更加愚昧和固执呢？这显然说明众生的内在心智会接受外界环境的影响。意识自生自灭的自在过程怎么能成立呢？

原典

颂曰：

展转增上力，二识成决定。

论曰：以诸有情自他相续[1]诸识展转为增上缘，随其所应二识决定，谓余相续识差别故。令余相续差别识生各成决定不由外境，若如梦中境虽无实而识得起。觉识亦然。何缘梦觉[2]造善恶行，爱非爱果[3]当受不同？颂曰：

心由睡眠[4]坏，梦觉果不同。

论曰：在梦位[5]，心由睡眠坏，势力羸劣[6]。觉心不尔，故所造行[7]当受异熟[8]。胜劣不同非由外境。若唯有识无身语等[9]，羊等云何为他所杀？若羊等死不由他害，屠者云何得杀生罪[10]？颂曰：

由他识转变，有杀害事业[11]，
如鬼等意力[12]，令他失念[13]等。

论曰：如由鬼等意念势力，令他有情失念得梦，或着魅[14]等变异[15]事成。具神通者意念势力，令他梦中见种种事。如大迦多衍那[16]意愿势力[17]，令娑剌拏王[18]等梦见异事[19]。又如阿练若仙人[20]意愤势力[21]，令吠摩质呾利[22]王梦见异事[23]。

如是由他识转变故，令他违害命根[24]事起。应知死者谓众同分[25]，由识变异相续断灭。

注释

①**他相续**：别人的心识。相续，指相续不断的识。

②**梦觉**：做梦和觉醒。

③**爱非爱果**：善果和恶果。善即爱，恶即非爱。

④**睡眠**：佛教常用"睡眠"来比喻昏暗不明、懵懂无知的心理状态。

⑤**梦位**：做梦时的状态。

⑥**羸劣**：微弱。

⑦**所造行**：所作所为。造，制造、作为。

⑧**异熟**：果报、报应。异，指因与果的时间、种类皆不相同。熟，果子成熟，比喻由原因引出的结果。

⑨**身语等**：指身业（身体动作）和语业（语言行为）。佛教说有"三业"，分别是意业（意念行为）、身

业、语业。业，各种行为的统称。一定的业（因）对应一定的报应（果）。

⑩ **杀生罪**：佛教认为杀生是一种罪过。戒杀生是佛教基本“五戒”之一。生，有生命的事物，指动物，亦即一切有情类。

⑪ **事业**：一种行为。做事即是一种业，事和业可谓同义，所以事业并称。

⑫ **意力**：指意念的影响力。佛教十分强调意念的作用，认为意念是导致其他行为的根本原因，而且意念之间也可相互影响。

⑬ **失念**：意念消失，记忆消失。这里指意念被别人控制。

⑭ **着魅**：看到鬼魅。着，发现、显明。

⑮ **变异**：不同寻常的变化。

⑯ **大迦多衍那**：一个仙人的名字。他用意念来感化下文提及的娑刺拏王。

⑰ **意愿势力**：意愿作为一种意念所产生的作用。势力，能力、力量。

⑱ **娑刺拏王**：印度一国王的姓名。

⑲ **异事**：据窥基《唯识二十论述记》中的介绍，这是《中阿含经》记载的一个故事。印度国王娑刺拏集结军队要征服一个邻国。具有神通能力的大迦多衍那使

其在睡眠时感生一梦，梦见自己惨败被俘，就要被杀。国王由此才恍然大悟，放弃了侵略别国的打算。以后，国王在大迦多衍那的教诲下，逐渐悟出国土只是假名虚幻。

⑳ **阿练若仙人**：阿练若的意思是“闲寂”，它是一处旷野的名称。此中仙人则称阿练若仙人。

㉑ **意愤势力**：意愤作为一种意念所产生的作用。参见注 ⑰。

㉒ **吠摩质呾利**：印度一国王的姓名。

㉓ **梦见异事**：据窥基《唯识二十论述记》的介绍，这也是《中阿含经》中的故事。国王吠摩质呾利因事得罪阿练若仙人，仙人十分愤怒，就使其感生一梦，梦见自己一下子变得衰老不堪。国王醒过来，才悟出自己的过错。

㉔ **命根**：即有情之寿命。由过去之业所引生，有情之身心在一期（从受生此世以至死亡）相续之间，维持暖与识者，其体为寿；换言之，依暖与识而维持一期之间者，即称命根。

㉕ **众同分**：为心不相应行法之一。指众生的共性或共因。即众多有情具有同类之性。

译文

下面的颂文则是对驳难者的反驳：

展转增上力，二识成决定。

颂文的意思是：本论所论证的诸识活动是一个自在的过程，是指识的产生不是依赖外境，而恰恰是识生出外境作为识的对象。这就是外境事物的唯“识”性，而不是说心外的众生都不存在。听闻佛法的人是所教，讲授佛法的人是能教。能教者的心识与所教者的心识相互影响（互为增上缘）。在善、恶、正邪的性质上，能、所教者的心识是相互决定的，与各自的作为心识亲缘的外境对象并无关系。就像梦中景象虽然不实，却仍有梦中的种种意识活动。觉醒时的意识活动也是如此。

驳难者提出不同的看法：如果做梦与觉醒没有区别，那么，如何解释梦中所作的善恶行为以及由此产生的爱憎心情与觉醒时的不同呢？有颂文解释道：

心由睡眠坏，梦觉果不同。

此颂的意思是：人在睡眠状态时，理智力和意志力都比较微弱，由它们引发出的行为以及产生的后果也就比较微弱。人在觉醒状态时就完全不同了，心力强大清楚，由它引发的善恶行为及善恶果也就非常明显。而且，人在梦中的行为能否有结果还要依赖醒时的心理状态。比如，有人在梦中杀人或犯淫，若能在觉醒时心生愧悔，梦中的恶行就不会产生恶果。所以，不论是梦是觉，众生行为的善恶后果都是心力的强弱、善恶所造成。身体行为、言语行为都是以意念行为为根本。

驳难者对此反驳道：如果只是意念活动的作用，而没有物质实体的种种变化，为什么会发生牛、羊等被人杀死的事实？如果牛、羊等不是由他杀死，又为什么说屠杀牛、羊的人犯了杀生之罪呢？有颂文解释道：

由他识转变，有杀害事业，
如鬼等意力，令他失念等。

此颂的意思是：屠宰者必须先有杀牛、羊等的意念活动，然后才会有杀牛、羊等的实际行为。只有意念行为才是其他行为的根源。

据说鬼具有神通的力量，能控制他人的意念活动。一些圣德的神者也具有这种神通。他们使人梦见各种奇异的事情，来影响人的意念。比如，《中阿含经》里就记载了类似的故事：神异人物大迦多衍那，使国王娑剌拏感生一梦，梦见自己打了败仗，被敌人活捉的情形。由此，国王才醒悟过来，放弃了征服邻国的打算。另一个故事是：住在阿练若的仙人由于不满国王吠摩质呾利的所作所为，就让他梦见自己忽然变得衰老不堪。吠摩质呾利王因此才悔悟过来。

所以，心识意念决定着我们的行为及其后果，甚至主宰着我们的性命。所谓死亡，就是命根（众同分）的断灭。所谓命根就是深细不断的意念连续。命根的连续正是由于第八心识的维持。

原典

复次，颂曰：

弹咤迦[①]等空，云何由仙忿[②]？
意罚[③]为大罪，此复云何成？

论曰：若不许由他识转变增上力故他有情死，云何世尊为成意罚是大罪故？返问长者邬波离[④]言："汝颇曾闻何因缘故，弹咤迦林[⑤]、末蹬伽林、羯陵伽林，皆空闲寂[⑥]？"长者白[⑦]佛言："乔达摩[⑧]，我闻由仙意愤恚故。”

若执神鬼敬重仙人，知嫌[9]为杀彼有情类，不但由仙意愤恚者。云何引彼，成立意罚为大罪性[10]过于身语。由此应知，但由仙忿彼有情死理善成立。

若唯有识，诸他心智[11]知他心[12]不？设尔何失？若不能知，何谓他心智？若能知者，唯识应不成。虽知他心，然不如实[13]。颂曰：

他心智云何，知境不如实？
如知自心智[14]，不知如佛境[15]。

论曰：诸他心智云何于境不如实知？如自心智。此自心智云何于境不如实知？由无知[16]故。二智[17]于境各由无知所覆蔽故。不知如佛净智所行不可言境[18]，此二[19]于境不如实知。由似外境虚妄显现故，所取能取[20]分别未断故。

唯识理趣无边决择[21]，品类差别难度甚深，非佛谁能具广决择[22]。颂曰：

我已随自能[23]，略成唯识义；
此中一切种，难思佛所行[24]。

论曰：唯识理趣品类无边，我随自能已略成立。余一切种非所思议[25]，超诸寻[26]思所行境故。如是理趣唯佛所行，诸佛世尊于一切境及一切种[27]智无碍故。

注释

① **弹咤迦**：与下文中的末蹄伽、羯陵迦是指三个印度国名。三个名称的意思分别是：惩罚、骄逸、和雅。

② **仙忿**：仙人的忿怒。据窥基《唯识二十论述记》中介绍，这里有一个传说：弹咤迦等三个国家的国王，两个因为女人，一个因为迷信，都得罪了仙人。仙人因愤怒而使这些国家变成了废墟。后来在这些废墟长出了树林，这就是下文的弹咤迦林等。

③ **意罚**：对意念犯罪的惩罚。

④ **邬波离**：人名。

⑤ **弹咤迦林**：弹咤迦国土废墟上长成的树林。下文的末蹄迦林，羯陵迦林与此同义。参见注②。

⑥ **空闲寂**：比喻弹咤迦等国土废墟的空旷、闲寂。参见注②。

⑦ **白**：对某人说。

⑧ **乔达摩**：佛陀的姓氏。佛陀的姓是乔达摩，名是悉达多。“释迦牟尼”是佛徒对他的尊称，意思是仁、

儒、忍、寂。有关佛陀的资料很多，这里不加详注。

⑨ **嫌**：厌恶、厌烦。指仙人对弹咤迦等国的国王的厌恶。参见注②。

⑩ **性**：性质、本性。

⑪ **他心智**：对他人的心智活动的认识。

⑫ **他心**：他人的心智或心识。

⑬ **不如实**：不真实。这里指一种非直接的认识。

⑭ **自心智**：对自己内心活动的认识。参见注⑪。

⑮ **佛境**：成佛的境界，佛果亲证的境界。

⑯ **无知**：指虚妄分别，即对能知和所知的分别。

⑰ **二智**：自心智与他心智。

⑱ **不可言境**：不能用言语来表达的境界。佛教认为，真正的智慧是一种直接的亲证而不是言语化的理论认知。

⑲ **此二**：指二智，即自心智和他心智。

⑳ **所取能取**：认识对象和认识能力。所取，被取、被认识。能取，能认识。能取是识，所取是外境。佛教主张要破除能取和所取的分别，以说明识即对象，对象即识，而不存在识之外的万物世界。

㉑ **无边决择**：指唯识宗的义理过于深奥复杂，难以理解。决择，选择，能理解才能选择。

㉒ **广决择**：广泛而透彻的理解。

㉓ **自能**：自己的能力。

㉔ **佛所行**：佛陀的所说所行。

㉕ **非所思议**：不可思议，难以想像。比喻唯识义理的深奥复杂。

㉖ **寻**：通常、一般。

㉗ **一切种**：所有的种类。

译文

下面的颂文继续说明意念行为的根本性：

弹咤迦等空，云何由仙忿？
意罚为大罪，此复云何成？

此颂的意思是：如果你不相信行凶者是出于自身意念的要求而行凶的话，你怎么能理解佛陀宣说的意念的罪恶是根本的罪恶，对意念罪恶的惩罚是最重要的惩罚的道理呢？

《中阿含经》记载了一段佛陀与长老邬波离的对话以说明意念惩罚的重要：佛陀问长老："你知道为什么弹咤迦、末蹄伽、羯陵伽这三个国家现在只剩下一片荒芜吗？"长老答道："乔达摩，我听说是神仙愤怒给予惩罚的缘故。”这三个国家的国王，都是因意念犯罪而得罪了仙人，仙人才降下惩罚。

如果你认为是神鬼敬重仙人，见仙人愤怒，才替仙人惩罚意念犯罪的人，就削弱了仙人愤怒的力量，也就否定了“意念罚罪”的重要性。这是没有道理的。

到这里，驳难者提出了最后一个问题：假如唯有内识，没有外境，我们如何能知道他人也有心智活动呢？如果不知道，我们还提什么“别人心智”（他心智）呢？如果我们知道心外有心，这不是与唯有内识相矛盾吗？

本论认为，我们虽然知道“他心智”，但是，“他心智”仍是意念活动所变生的“他心”影像、心外幻境，并不真实。知道“他心智”与“唯识”义并不矛盾。有释文继续解释：

他心智云何，知境不如实？
如知自心智，不知如佛境。

此颂的意思是：知道“自心”以外有他人心智，也只是以“他心智”为影像来作为“自心”的认识对象。“他心智”也是由意识变现而起的幻境，并非实有。自己的内心智也是如此。“自心智”以“自心”为影像来认识，仍然不是真实的智慧。“他心智”和“自心智”

都是处于“虚妄知”或“无知”的状态。

佛陀所宣示的清净智慧即“真知”是不存在能知（心智）与所知（心智的认识对象）的区别的。也就是没有能取（能认识的见分）与所取（被认识的相分）之别。意识与识的对象融为一体，这才是唯有内识的真义！

“唯识”的义理复杂难辨、深奥莫测，恐怕只有佛陀本人才能彻悟其中的意蕴。下面的颂文算是表明我的心迹：

我已随自能，略成唯识义，
此中一切种，难思佛所行。

“唯识”的义理深广无边，我世亲已尽己所能略加宣讲。其中的博大与玄奥非是我世亲所能思议，所能想象。只有佛陀的无上智慧才能通达此理。我辈只有真诚地信仰、精勤地修学。

3 唯识三十论颂

原典

护法[①]等菩萨，约此三十颂造成唯识[②]，今略标所以。

谓此三十颂中，初二十四行颂明唯识相[③]，次一行颂明唯识性[④]，后五行颂明唯识行位[⑤]。就二十四行颂中，初一行半略辩唯识相，次二十二行半广辩唯识相。

谓外[⑥]问言，若唯有识，云何世间及诸圣教[⑦]说有我法[⑧]？举颂训[⑨]答。颂曰：

（一）由假说[⑩]我法，有种种相转[⑫]；

彼依识[⑪]所变[⑬]，此能变[⑭]唯三。

（二）谓异熟[⑮]思量[⑯]，及了别境识[⑰]。

注释

① **护法**：印度佛教瑜伽行派的重要代表人物之一，亦称为瑜伽行后派的正统传人。大约生于六世纪，是南印度达罗比荼国王子。佛教界一般认为由他注释的《唯识三十颂》最为成功。玄奘编译的重要著作《成唯识论》就以护法的注释为主要依据。护法的重要弟子是戒贤。

② **唯识**：唯识宗的根本义理，亦称“万法唯识”或“三界唯识”。意思是众生和万物的种种事物都是以“心识”为根源转变而生，都是虚幻假相；唯有阿赖耶识是万物的总根源，是真正的存在。参见《唯识二十论》的有关注释。

③ **唯识相**：唯识之“识”可指心识八种，即眼、耳、鼻、舌、身、意、末那和阿赖耶识；也可专指第八根本心识阿赖耶识。这里的“唯识相”是指心识八种的种种表现及其性质，具体包括每种心识的名称、根据、相应心所法、性质功用，以及与“三性”“三界”及修行果位的关系。

④ **唯识性**：唯有“识”是众生和万物的本性，众生与万物只是“识”转变生起的假相。“识”的意义如前注③所说。

⑤ **唯识行位**：修行唯识宗的步骤或等级。

⑥ **外**：指非唯识宗派或不懂唯识的人。

⑦ **诸圣教**：宣说佛法的各种教派。

⑧ **我法**："我"指有情众生，即有生命的动物；"法"指世间万物。佛教认为"我法皆空"，众生和万物都是虚幻假有。"我法二空"是大乘佛教的主要教义。

⑨"训"，应作"酬"。

⑩ **假说**：用假名言说，并非真有。比如，我们说到"众生"，"众生"只是假名。因为"众生"并不实有，用此二字只是标记此假象。"假名"是佛教中常用的术语。

⑪ **相转**：各种现象的转变、生起。相，现象、相状、表现。

⑫ **识**：即唯识之"识"，见前注③。

⑬ **所变**：变化而出的结果，指"我法"。

⑭ **能变**：能够引起变化的事物根源，这里指八种心识。唯识宗把八种心识分成三种能变形式，即异熟识、思量识、了别境识。可参见以下注释。

⑮ **异熟**：指异熟识，即阿赖耶识。异熟，果报。阿赖耶识所蕴藏的种子主宰着万事万物的因果变化，事物的"一切果"皆是阿赖耶识引起，所以此识又名异熟识。

⑯ **思量**：指思量识，即第七末那识。末那识不断思虑阿赖耶识，以为是"自我"。此识表现为不停地思

量，所以又叫思量识。

⑰ **了别境识**：指八识中的前六识，前六识的活动均表现为对“外境对象”的了别、分别或感知，所以称了别境识。前六识是眼、耳、鼻、舌、身、意，各自的对境是色、声、香、味、触、法。

译文

护法等菩萨认为这三十颂是唯识义理的集大成之作。现将此三十颂译成华语，并对此三十颂的内容结构略加说明。

在全部三十颂中，前二十四颂是阐明八识三能变的种种变化及表现；第二十五颂小结能变识是一切事物的根源或实性；最后五颂叙述修行唯识的五种果位或五个阶段。在前二十四颂中，第一颂再加上第二颂的前半颂是概括地提出识变万象的宗旨和标出三种能变识体；后二十二颂半则具体讲述三种能变识的种种表现和性质。

一些对唯识要义不太了解的人常常提出疑问：如果说世间只有识才是真实的存在，那么为什么很多佛教教派的教义都同意众生和万物的存在呢？下面的第一颂和第二颂的前半颂就是对此问题的简要回答：

（一）众生（我）和万物（法）只是用名称来标记

现象的假名，并非真实的存在。众生和万物只是因缘假合的种种现象，这些现象得以产生的根源是各种识形式，它们可以被分成三大种类。

（二）第一异熟识，第二思量识，以及第三了别境识。

原典

次二十二行半广辩唯识相者。由前颂文略标三能变，今广明三变相。且初能变其相云何？颂曰：

初阿赖耶识[1]，异熟一切种[2]。

（三）不可知执受[3]，处[4]了常与触[5]；

作意受想思[6]，相应唯舍受[7]。

（四）是无覆无记[8]，触等亦如是；

恒转如瀑流[9]，阿罗汉位[10]舍。

已说初能变。第二能变其相云何？颂曰：

（五）次第二能变，是识名末那[11]。

依彼转[12]缘彼[13]，思量[14]为性相[15]。

（六）四烦恼[16]常俱，谓我痴[17]我见[18]，

并我慢[19]我爱[20]，及余[21]触等俱。

（七）有覆无记[22]摄，随所生[23]所系[24]；
阿罗汉灭定[25]，出世道[26]无有。

注释

①**阿赖耶识**：也称异熟识、藏识或本识。心法八识中，以阿赖耶识为根本；其他七识都以阿赖耶识为根源。阿赖耶识是万事万物的最终根源，是众生生死轮回的主宰。

②**一切种**：蕴含在阿赖耶识之中的一切事物的根源种子。

③**执受**：即执持、掌握、维持。这里指阿赖耶识维持有情生命（根与身）的相续不断。

④**处**：指器世间，即世间万物，与有情世间相对应。有情世间指世间众生。

⑤**触**：识的接触对象，是遍行心所法之一。参见前文《百法明门论》的有关释文。

⑥**作意受想思**：与前文的“触”正好构成遍行心所五法。“作意”指意念开始活动；“受”指感受外境；“想”指名言思维；“思”指应付某种实际目的的思考。参见前文《百法明门论》的有关释文。

⑦**舍受**：感受外境有三种形式，“苦受”是感受逆

境而痛苦；“乐受”是感受顺境而快乐；“舍受”是无喜无悲的清净。

⑧ **无覆无记**：无善无恶称为无记，无覆是没有烦恼隐覆。所以无覆无记是指没有烦恼隐覆的无所谓善恶。与此相反的是“有覆无记”。

⑨ **瀑流**：比喻阿赖耶识的永恒转动。

⑩ **阿罗汉位**：小乘佛教修行的最高果位。修习至此位，即能断一切烦恼，脱离生死轮回。

⑪ **末那**：梵文音译，意译是“污染”。心识中的第七识执阿赖耶识为“自我”，是“我执”的根源，即是烦恼、污染的根源。所以第七识又称末那识。参见前文注 ⑯。

⑫ **依彼转**：指末那识跟随阿赖耶识的变化而变化。

⑬ **缘彼**：以“彼”阿赖耶识为“所缘”的对象，即末那识不断地思量阿赖耶识。

⑭ **思量**：思考、计度、分别。

⑮ **性相**：性质和表现。

⑯ **四烦恼**：指四种根本烦恼，即我痴、我见、我慢、我爱。详见下面的注释。

⑰ **我痴**：愚痴无知，不明事理。亦称“无明”。

⑱ **我见**：固执自见，总以为一己的主观意见为真理。

⑲ **我慢**：傲慢凌人。

⑳ **我爱**：贪注自我的利益，只热爱自身。

㉑ **余**：其他的（心所）。

㉒ **有覆无记**：有烦恼隐覆的无善无恶，与无覆无记相对，参见注⑧。

㉓ **所生**：出现的地方。指八识发生作用的三界，即欲界、色界、无色界。

㉔ **所系**：与三界中的某一界相联系。指八识在哪一界发生作用，就与哪一界的有关性质相联系。

㉕ **灭定**：指禅定修行中的“灭尽定”的境界，也是心不相应行法之一。指一切思虑已停止活动。

㉖ **出世道**：指菩萨修道的一种境界。修行至此位，已能超出三界，脱离轮回。出世，脱离五道轮回的流转而获得永恒。“世”有流转、变易的意思。

译文

以下的二十二个半颂是具体说明三种能变识体的各种表现及性质。前面的颂文是总标，这里的颂文才是广辩。其中，第二颂的后半颂至第四颂是讲述第一能变阿赖耶识的性质和作用。颂文说：

（二）万事万物（所变）的第一种能变根源是异熟识，也叫阿赖耶识，它蕴藏着万事万物得以产生的动因种子。

（三）由于阿赖耶识作用的细密和流变，我们无法明了它的种子与外境的关系、它对外境的感受方式等。阿赖耶识与五种最基本的心理活动（遍行心所）相对应，它们分别是“触”（接触对象）、“作意”（意念警起）、“受”（情感反应）、“想”（概念思维）、“思”（行为意志），阿赖耶识对外境的情感反应是无喜无悲的“舍受”。

（四）阿赖耶识是不是善、不是恶的无记性，与它相应的“触”等心所，也是一样。阿赖耶识永恒流转，就像奔腾不息的瀑布恒流。阿赖耶识自始至终主宰着众生的生死轮回，只有修行到“阿罗汉”的果位，才能断烦恼障，舍弃杂染的阿赖耶识。

上面的颂文是说初能变阿赖耶识，下面的五、六、七三颂是说第二能变识体的性质和种种表现，名为思量识。颂文说：

（五）万事万物的第二种能变根源是末那识。末那识因阿赖耶识而产生，随阿赖耶识而变化；同时，阿赖耶识也通过末那识影响前六种心识的活动。末那识表现为永恒不断的思量，思量阿赖耶识为自我，因而生起对自我的贪执（我执）。

（六）执着自我的末那识恒生四种烦恼，它们是执迷不悟的“我痴”，自以为是的“我见”，以及自我独尊的“我慢”，只贪私利的“我爱”。末那识也是与“触”等五种遍行心所相对应。

（七）末那识的性质是“无记性”，因与四根本烦恼和八大随烦恼相应而起，所以又叫作“有覆无记”。末那识生于何种界地（三界九地），就在何种界地产生作用。凡夫有情修到“阿罗汉”的果位，或是禅定中“灭尽定”的境界，或是修行到可以脱离轮回的“出世道”果位，才能破除与“我执”相随的四大烦恼，灭尽末那识的作用。

原典

如是已说第二能变，第三能变其相云何？颂曰：

（八）次第三能变，差别有六种，
了境[①]为性相，善不善俱非[②]。
（九）此心所[③]遍行[④]，别境善烦恼，
随烦恼不定，皆三受[⑤]相应。
（十）初遍行触等[⑥]，次别境谓欲[⑦]，
胜解念定慧，所缘事不同。
（十一）善谓信[⑧]惭愧，无贪等三根，
勤安不放逸，行舍及不害。

（十二）烦恼谓贪[9]瞋，痴慢疑恶见，
随烦恼谓忿[10]，恨覆恼嫉悭。
（十三）诳谄与害憍，无惭及无愧，
掉举与惛沉，不信并懈怠。
（十四）放逸及失念，散乱不正知，
不定谓悔[11]眠，寻伺二各二[12]。

已说六识心所相应，云何应知现起[13]分位[14]？颂曰：

（十五）依止[15]根本识[16]，五识[17]随缘[18]现，
或俱[19]或不俱，如涛波依水[20]。
（十六）意识[21]常现起，除生无想天[22]，
及无心[23]二定，睡眠与闷绝[24]。

注释

①**了境**：了别对境，即指感知对象外境，是前六识活动的表现形式。比如用眼睛来分别颜色。

②**俱非**：既不是善也不是不善，即是无善无恶的“无记”性。

③**此心所**：指与前六识相应的心所法。全部五十一心所均与六识相应。

④ **遍行**：六种心所法之第一。凡是心理活动皆有遍行心所参与作用，所以谓“遍行”，即普遍起作用。遍行心所法共有五种：触、作意、受、想、思。下文的“触等”即是指这五种心所法。参见前文《百法明门论》的有关释文。下文的别境、善、烦恼、随烦恼、不定，分别指另外五种心所法。从第十颂到第十四颂是具体罗列各种心所。参见前文《百法明门论》的有关释文。

⑤ **三受**：苦受、乐受、舍受。指对外境的三种感受。参见前文注⑦“舍受”。

⑥ **触等**：指五种遍行心所，见注④。

⑦ **欲**：从“欲”到下文的胜解、念、定、慧是别境心所五种。所谓“别境”是指各自有各自产生的环境。参见前文《百法明门论》的有关释文。

⑧ **信**：“信”和下文的惭、愧、无贪三根（还有无瞋、无痴）、勤、安、不放逸、行舍、不害是善心所十一种。所谓“善心所”是指有益于佛法修行的心理活动。参见前文《百法明门论》的有关释文。

⑨ **贪**：贪及下文的瞋、痴、慢、疑、恶见是烦恼心所六种。这六种烦恼是根本烦恼。参见前文《百法明门论》的有关释文。

⑩ **忿**：忿及下文的恨、覆、恼、嫉、悭、诳、谄、害、憍、无惭、无愧、掉举、惛沉、不信、懈怠、放

逸、失念、散乱、不正知是随烦恼心所二十种。随烦恼心所是随根本烦恼而起的心理活动。

⑪ **悔**：悔及下文的眠、寻、伺是不定心所四种。所谓不定，是善恶不定，可善可恶。

⑫ **二各二**：指每一种不定心所都有善恶两种发展可能。比如“悔”心所：悔先没有修持是善，悔先已修持是恶。“眠”心所：为调节身心而眠是善，为偷懒而眠是恶。

⑬ **现起**：由“可能”变成“现实”。佛教指由于种子的力量使潜在变成现实种种事物。

⑭ **分位**：取某事物的一部分是分位。比如，丁事物是各取甲、乙、丙三事物的某部分特征聚合而成，丁事物就是其余三事物的“分位假立”。因为丁事物是前三事物的聚合，没有独立的“自体”，所以称为“假立”。

⑮ **依止**：随之而生、随之而灭是依止。

⑯ **根本识**：指阿赖耶识。

⑰ **五识**：指前五识，即眼、耳、鼻、舌、身。

⑱ **缘**：所缘，指五识各自的感觉对象。

⑲ **俱**：同时发生。

⑳ **涛波依水**：水喻根本阿赖耶识，波喻前五识。以此比喻前五识对根本识的依赖。

㉑ **意识**：指第六意识。参见前文《百法明门论》的有关释文。

㉒ **无想天：** 又作无想有情天、无想众生天、少广天、福德天。色界天之一。即修无想定所感之异熟果报。生此天者，念想灭尽，仅存色身及不相应行蕴，故称无想天。

㉓ **无心：** 亦称灭尽定，是禅定修行中的一种境界，也是心不相应行法之一。位于此定，心识活动全部停止。灭尽定主要为佛教“圣者”所修，而无想定主要为外道所修。两者在停止心识活动方面是一致的。

㉔ **闷绝：** 因窒闷而气绝。

译文

前面的颂文是讲第二能变识体末那识。下面的第八颂至第十六颂是讲第三能变识体“了别境识”。颂文说：

（八）万事万物的第三种能变根源是了别境识，了别境识共有六种：眼、耳、鼻、舌、身、意。了别境识表现为感知事物、区别外境。了别境识可以是善，可以是恶，也可以是非善非恶（俱非）。这就是了别境识通三性。

（九）五十一种心所皆与了别境识相对应。这些心所法共分五大类：第一是普遍活动于各种识内部的“遍行”，第二是依特定环境而起的“别境”，第三是顺益佛法的“善”，第四是根本“烦恼”，第五是依根本烦恼而起的“随烦恼”，第六是善恶不定的“不定”。了别境识对外境的情感反应有三种：遇顺境而乐（乐受），遇逆境而苦（苦受），遇平常境而无苦无乐（舍受）。

（十）第一种“遍行”心所五种，即前文提及的“触”等。第二种“别境”心所五种，包括“欲”（欲求）、“胜解”（成熟的见解）、“念”（记忆不忘）、“定”（专注）、“慧”。这些心理活动均产生于特定的环境，所以称为“别境”心所。

（十一）第三“善”心所十一种，包括“信”（笃信佛法）、“惭”（内心耻恶）、“愧”（惧怕批评）、“无贪”、“无瞋”、“无痴”，这是三种合乎佛法最根本的心理状态，称为三大善根。“善”心所还包括“勤”（精进修行）、“安”（轻快安宁）、“不放逸”（谨慎防恶）、“行舍”（清净）和“不害”（不损害他人）。

（十二）第四“烦恼”心所六种，包括“贪”、“瞋”、“痴”、“慢”（傲慢）、“疑”（不信佛法美德）、“恶见”（不正确的见解）。这是六种根本烦恼心理。第五“随烦恼”心所共二十种，包括“忿”、“恨”、“覆”（隐盖罪过）、“恼”（以恶待人）、“嫉”、“悭”（吝啬财物）。

（十三）“诳”（用言语欺骗）、“谄”（阿谀奉承）、“害”、“憍”（倨傲凌人）、“无惭”、“无愧”、“掉举”

（轻浮躁动）、“惛沉”（蒙昧含混）、“不信”（不信佛法）和“懈怠”。

（十四）“放逸”、“失念”（忘却佛法），以及“散乱”（心思混乱）、“不正知”。第六“不定”心所四种，包括“悔”、“眠”（睡眠），以及“寻”（对事物的粗糙思考）、“伺”（对事物的细致思考）。四种不定心所，皆有善、恶两种可能。

上面的颂文说明了与了别境识相对应的五十一心所。心所法是属心法所有，随心法而起的各种心理活动。有人提出疑问，为什么说了别境识是以阿赖耶识为生起和变化的根据？颂文回答说：

（十五）前六识的感觉和思维活动都是阿赖耶识种子的变现，前五识的感觉活动均离不开相应的感觉对象，比如眼识离不开颜色，耳识离不开声音。各种感觉识可能同时发生，也可能单独产生作用。五种感觉识与阿赖耶识的关系就像波涛依赖海水一样，波涛只是海水之体的表现。

（十六）第六意识的思维活动几乎从不间断，即使我们合上眼睛，心中也是思考不息。只有在以下五种情形，第六意识的思维才会停止活动：生至无想天的人，或禅定修行至“无想定”“灭尽定”的境界，或睡眠不做梦及窒息休克之时。

原典

已广分别三能变相，为自所变[①]二分所依[②]。云何应知，依识所变，假说我法，非别实有[③]，由斯一切唯有识耶？颂曰：

（十七）是诸识[④]转变，分别所分别[⑤]，
由此彼皆无[⑥]，故一切唯识。

若唯有识，都无外缘[⑦]，由何而生种种分别？颂曰：

（十八）由一切种识[⑧]，如是如是[⑨]变，
以展转力[⑩]故，彼彼[⑪]分别生。

虽有内识而无外缘，由何有情[⑫]生死相续[⑬]？颂曰：

（十九）由诸业习气[⑭]，二取习气[⑮]俱，
前异熟[⑯]既尽，复生余异熟[⑰]。

注释

① **自所变**：为“自证分”所变。自，自证分，也

可指“内二分”，即自证分和证自证分。唯识宗把“识”分成四分：

一“相分”，感知的对象。二“见分”，感知的能力。比如，眼睛看花，所看之花是眼识的相分；眼睛能看的能力是见分。此二分是在“心”外，称为外二分。三“自证分”，能证知见分。四“证自证分”，能证知自证分。此二分是内二分，为唯识性。相分是见分所变；外二分是内二分所变。唯识宗经常以桃喻四分，桃仁是证自证分，桃核是自证分，桃肉是见分，桃皮是相分。

② **二分所依**：指三能变的各种现象转变均以自证分和证自证分为根据。二分，指内二分，即自证分和证自证分。

③ **非别实有**：不是真实的存在。别，另外的，指“识”以外的事物。

④ **诸识**：指三能变八种心识。

⑤ **分别所分别**：分别，是能认识的见分；所分别，是被认识的相分。分别、所分别都是诸识转变而起的产物。

⑥ **此彼皆无**：众生自我是能分别，属于见分变；世间万物被分别，属于相分变。众生和万物都不是实有，所以说此彼皆无。此彼，指能分别和所分别。

⑦ **外缘**：外物对象作为所缘，即被感知的外物。

⑧ **一切种识**：指阿赖耶识。因阿赖耶识蕴藏万事

万物生起的一切种子而得名。

⑨ **如是如是**：指诸识转变成见分、相分的种种变化。比如，由耳识种子变而得声，由乐受种子变而得欢乐之声。

⑩ **展转力**：诸识辗转变化的动力。此力蕴藏在一切种子之内。

⑪ **彼彼**：指万事万物的种种分别。由诸识引起。

⑫ **有情**：有情感活动的事物，一般指动物。与众生同义。

⑬ **生死相续**：指有情众生的生死轮回，相续不断。

⑭ **诸业习气**：众生所做“诸业”能薰习阿赖耶识而形成新的“种子”。这些新薰种子称为诸业习气。诸业习气决定着众生后世的各种果报。诸业，众生的各种行为。习气，种子的别名。

⑮ **二取习气**：由虚妄分别薰习阿赖耶识而成的种子。二取，指能取之众生自我，所取之外物。有能取所取的虚妄分别，就有我执、我贪，就有烦恼随之产生。此类薰习种子也决定着众生后世的不同果报。参见上注。

⑯ **前异熟**：由“诸业习气”产生的果报。

⑰ **余异熟**：由“二取习气”产生的果报。前异熟已尽则见“身”死，后异熟继续产生作用，又会出现“新身”。这就是众生的生死轮回。

译文

以上从第二颂的下半颂至第十六颂的颂文具体说明了三种能变识体的各种性质和表现。能变识体和所变万物的关系也可概括为“四分”：万物是所变“相分”，前五识和第六识是能变“见分”，第七末那识是前六识的依据“自证分”，第八识只是第七识的依据“证自证分”。有人问：“万法唯识”的义理就是指众生和万物都是心识变现的假相吗？颂文解释说：

（十七）三种能变八种心识起种种变化，产生出能分别的识和被分别的一切事物。能分别万物的前六识和被分别的一切万物，均是以阿赖耶识为根源，所以说阿赖耶识是一切事物的总根源。

有人提出疑问：如果只有阿赖耶识是真实的根源，外界事物都是虚幻假象；那么，为什么会有众生万物繁杂多样的现象分别呢？颂文回答说：

（十八）阿赖耶识蕴藏一切事物赖以产生的动因种子，种子辗转变化，永不停息，在众生业力等各种条件的作用下，不同种子产生出能分别的识和种种被分别的万事万物。

有人问道：如果说只有阿赖耶识是真实，外界事物皆是虚幻；那么，为什么有情众生会生死相续，轮回不断？颂文解释说：

（十九）由于众生的所作所为会感染阿赖耶识的动因种子而产生相应的果报，又由于阿赖耶识内部本来就有的种子会永恒不断地起作用而保持众生生灭变化的连续。所以，每个有情生命在完成了一种现世报应之后，又会接着下一个现世报应。众生就是如此六道轮回，世世不断。

原典

若唯有识，何故世尊处处经[①]中说有三性[②]？应知三性亦不离识。所以者何？颂曰：

（二十）由彼彼遍计[③]，遍计种种物[④]，
此遍计所执[⑤]，自性[⑥]无所有。
（二十一）依他起自性[⑦]，分别缘所生[⑧]，
圆成实[⑨]于彼[⑩]，常远离前性[⑪]。
（二十二）故此与依他[⑫]，非异非不异，
如无常等[⑬]性，非不见此彼[⑭]。

若有三性，如何世尊说一切法皆无自性？颂曰：

（二十三）即依此三性，立彼三无性[15]，
故佛密意说[16]，一切法无性。
（二十四）初即相无性[17]，次无自然性[18]，
后[19]由远离前，所执我法性[20]。
（二十五）此诸法胜义[21]，亦即是真如[22]，
常如其性故，即唯识实性[23]。

注释

① **处处经**：各种佛经。

② **三性**：指三种自性，即遍计所执自性、依他起自性、圆成实自性。详见以下各注。

③ **遍计**：遍计所执自性，指普通第七识与第六意识把它们接触到的事物及其对这些事物的区别和思考都作为真实的存在。遍计，普遍以为；所执，执外物及主观思维为真实存在。佛教大乘学派认为被普通意识所虚妄执着的众生和万物，不过是心理上的假相，并无实体。

④ **种种物**：各种事物，主要指“自我”的主观意识和外界万物。遍计所执自性以此为实有。

⑤ **遍计所执**：指遍计所执自性，见前注③。

⑥ **自性**：某事物独立稳定的性质。佛教认为众生自我和世间万物都是不断流变、生灭的事物，因而没有

自性，也可说没有自体。唯识宗认为只有永恒、绝对的阿赖耶识才有自性。

⑦ **依他起自性**：指自然界中的一切事物，包括主观精神和外界万物，都是有一定的根据和条件才能产生。他，指各种条件和根据，佛教称“众缘”。

⑧ **缘所生**：指任何事物都产生于一定的根据和条件，即因缘而生。缘，根据、条件。

⑨ **圆成实**：圆成实自性，指圆满、真实的真理或真如，是“三自性”中的最后一种。圆，圆满无缺。成，成就不灭。实，真实。佛教认为，“依他起”的一切事物都是“圆成实”的本体所变现的假相。破除了“依他起”的假相，才能悟得“圆成实”的唯一、绝对。

⑩ **彼**：指依他起自性。

⑪ **前性**：指遍计所执自性。

⑫ **依他**：指依他起自性。

⑬ **无常等**：指世俗事物普遍具有的无常、苦、空、无我等性质。无常，没有稳定的自体，处于不断的生灭变化之中。空、苦、无我与无常的意义相近。

⑭ **此彼**：指圆成实自性和依他起自性。

⑮ **三无性**：指与三自性相对应的三无性，即相无性、生无性（或无自然性）、胜义无性。详见以下各注的释文。无性，没有自性。

⑯ **密意说**：言说中别有深意。

⑰ **相无性**：对应于遍计所执自性，指“遍计所执”的各种事物皆是假相而没有自性。

⑱ **无自然性**：对应于依他起自性，指依赖一定的条件而生起的事物也没有自性。也称“生无性”。

⑲ **后**：指最后一种无性，即“胜义无性”。此种无性对应于圆成实自性，指圆成实性正是在遍计性和依他起性的空幻上建立起来的。胜义，真理。破除“无自性”才得显真理。

⑳ **所执我法性**：指遍计所执自性。参见注③。

㉑ **诸法胜义**：以上种种佛法真谛，即有关“三性”“三无性”的义理。

㉒ **真如**：绝对不变的永恒真理，与“实性”“佛性”“真理”是同类概念。如：如常、稳住。

㉓ **唯识实性**：唯有绝对、永恒的阿赖耶识是万事万物的真实根源，世间事物只是由“识”变起的假相。实性，真实的根源、永恒的绝对，与“无性”相对。

译文

有人问道：如果只有阿赖耶识是绝对、永恒的真实，那么，佛陀为什么常在经文中提到“三种自性”？实际上，“三自性”也是三能变八识的表现。颂文解释说：

（二十）凡夫众生在普通意识中思考和计度世上的万事万物，以为这些相互区别的种种事物都是真实的存在。这就是佛陀所说的第一种自性“遍计所执自性”。实际上，相互分别的万事万物都是意识的幻影，并非独立的实有。被众生虚妄意识所执的事物分别是没有的。

（二十一）第二种自性是“依他起自性”，是指一切事物的产生都要依赖外在的条件。第三种“圆成实自性”是指圆满真理的体现。当我们通过“依他起”认识到事物的“圆成实”时，我们就不再遍计事物的虚妄自性了。

（二十二）“圆成实自性”与“依他起自性”相互依存，不待外缘的“圆成实”是“依他起”的一切事物的本质；破除“依他起”事物的假相，就会得到“圆成实”的真理。比如，我们认识到事物的无常、变幻等性质，即是认识到事物的“依他起”的自性，同时也即是认识到事物的真正本质。

有人提出疑问：如果说有三种自性，那么，佛陀又为什么说“一切法无自性”呢？颂文解释说：

（二十三）从上面三种自性可以引导出三种无自性，即“相无性”“生无性”“胜义无性”。佛陀先说出三自性的义理正是别有深蕴地开示出万事万物皆无自性的佛法真谛。

（二十四）第一种“相无性”，是说明一切事物的现象皆是虚幻假象而无自性。第二种“无自性”，也称“生无性”，是说明一切事物的生起均待外缘条件而无自性。最后是“胜义无性”，指出事物的真实本质即是无自性。由此认识，我们就会破除对众生万物种种分别自性的偏执。

（二十五）理解了三性、三无性的义理，即是掌握了佛法胜义，就是获得了“真如”的智慧境界。所谓“真如”即是对事物永恒性质的理解，一切事物的根源是三能变的心识，就是事物的绝对性质。

原典

后五行颂，明唯识行位者。论曰：如是所成唯识性相，谁依几位[①]，如何悟入[②]？谓具大乘二种种性[③]：一本性种性[④]，谓无始来[⑤]依附本识法尔，所得无漏法因[⑥]。二谓习所成种性[⑦]，谓闻法界[⑧]等流法[⑨]已，闻所成等[⑩]薰习[⑪]所成。具此二性，方能悟入。

何谓五位？一资粮位[⑫]，谓修大乘顺解脱分[⑬]，依识性相能深信解。其相云何？颂曰：

（二十六）乃至未起识，求住[14]唯识性，

于二取[15]随眠[16]，犹未能伏灭。

二加行位[17]，谓修大乘顺决择分[18]，在加行位能渐伏除所取能取。其相云何？

（二十七）现前立少物[19]，谓是唯识性，

以有所得故，非实住[20]唯识。

三通达位[21]，谓诸菩萨所住见道[22]。在通达位如实通达。其相云何？

（二十八）若时于所缘，智都无所得，

尔时住唯识，离二取相故。

四修习位[23]，谓诸菩萨所住修道[24]。修习位中如实见理[25]，数数[26]修习。其相云何？

（二十九）无得不思议[27]，是出世间智[28]，

舍二粗重[29]故，便证得转依[30]。

五究竟位[31]，谓住无上正等菩提[32]，出障圆明[33]，能尽未来化[34]有情类。其相云何？

（三十）此即无漏界[35]，不思议善常[36]，
安乐解脱身[37]，大牟尼名法[38]。

注释

① **几位**：几种修行唯识的阶段或境界。位，位置、境界。

② **悟入**：领悟，深入理解，由悟而透入。

③ **二种种性**：指本性种性和习所成种性。种性，种子的特性，这里指种子。本性种性，指与阿赖耶识同时产生的本有种子，是阿赖耶识本来就含有的种子，所以称本有种子。本有种子没有受后天的污染，所以又称清净无漏种子。第二种是习所成种性，亦称薰习种子，是由众生的所作所为薰习阿赖耶识而产生的种子。薰习种子因后天薰染而成，所以又称有漏（有欠缺，有污染）种子，有时也称为习气、习性等。

④ **本性种性**：即本有种子，无漏种子。与习所成种子相对。

⑤ **无始来**：没有开始也没有结束。这里指“本有

种子”与阿赖耶识同时生起。

⑥ **无漏法因**：无漏法的根源。无漏法，指清净、圆满、永恒的事物。无漏，无污染、无欠缺。有漏法则指生灭灭，变易无常的事物。无漏与有漏同于无为与有为。

⑦ **习所成种性**：即薰习种子。参见注③。

⑧ **法界**：泛指各种事物。“法界”在佛教中涵义较多，华严宗的“一真法界”指万事万物的本源和本质。

⑨ **等流法**：有善恶因果变化的事物。等流，指相同性质的因与果。

⑩ **所成等**：指众生的所作所为，即众生所成之业。

⑪ **薰习**：感染、影响。

⑫ **资粮位**：唯识修行的第一阶段。资粮，指钱资和粮食，比喻唯识修行的最基本的准备。此位修行的特点是：相信唯识并开始修行，但虚妄分别仍然存在。可参见以下注文。

⑬ **顺解脱分**：指修行大乘佛教的一种境界，意思是通向“解脱”之路。顺，沿着、有利于。解脱，从轮回苦海中脱离。

⑭ **求住**：祈求掌握。住，掌握、把住。

⑮ **二取**：能取和所取。能取，是众生自我的意欲；所取，是众生意欲的外物对象。既有二取，则“我执”与“法执”均未破除，二取即是虚妄分别。

⑯ **随眠**：跟附在某物后面，悄悄隐藏着。随，跟随。眠，隐藏。

⑰ **加行位**：唯识修行的第二阶段。修习此位时，已能逐渐消灭能取和所取的虚妄对待，但仍未能悟得唯识，尚须加紧修行。加行，加力修行。

⑱ **顺决择分**：指修行大乘的一种境界，意思是对真理已有的抉择，有所获得。决择，选择、获得。

⑲ **少物**：奇妙的事物。指由于修行唯识，而感觉到的奇妙景象。

⑳ **实住**：真正的把握，真正的悟得。

㉑ **通达位**：唯识修行的第三阶段。位于此位，已消灭了能取所取的虚妄分别，打通了通向真理的大道。通达，畅通而无障碍。此位亦称见道位，意思是已经见悟真理。

㉒ **见道**：是修习大乘的一种境界。意思是已经悟得真理。

㉓ **修习位**：修行唯识的第四阶段。位于此位，在智慧上已悟得真理，还须努力修习，巩固在心中和行为中。修习位，也称修道位。

㉔ **修道**：按义理（道）修行。

㉕ **如实见理**：真正领悟真理。如实，真实、实际。

㉖ **数数**：屡屡不断，时时（修习）。

㉗ **不思议**：不思量、不思虑，指思维停止的状态。

㉘ **出世间智**：指一种无思维、无分别的智慧，与世间智相对。世间智是世俗普通意识的虚妄思考，虚妄分别。获得出世间智意味着超出世间，脱离轮回。

㉙ **二粗重**：指两种成佛的障碍，即烦恼种子和所知种子。烦恼由我执、我取、我欲的“自我意识”引起；所知是虚妄分别的世间智。“粗重”是种子异名。

㉚ **转依**：以清净、圆满的佛果为依据来转变自身。破除烦恼、所知的障碍，就可以获得大涅槃、大菩提的无漏境界。这一过程就是“转依”。依，依据、标准。转，转变、变化。

㉛ **究竟位**：是修行唯识的最高果位。位于此位，已破除一切障碍，获得无上正等智慧，达到圆满、永恒的境界，并且能教化普度仍处于苦海中的凡夫众生。究竟，究极、最后。

㉜ **正等菩提**：佛法真谛。正等，合于佛法。菩提，智慧。

㉝ **出障圆明**：脱离障碍，圆满智慧。明，智慧，与无明相对。

㉞ **化**：教化、普度。

㉟ **无漏界**：清净、圆满的境界。无漏，没有漏缺、没有污染，与有漏相对。

㊱ **善常：** 脱离一切罪恶的圆满、永恒。常，永恒、不变易。

㊲ **解脱身：** 脱离轮回苦海的法身。修得佛果以后，自身才可脱离苦海，即获解脱身。

㊳ **牟尼名法：** 济度众生的神圣法身。牟尼，梵文音译，意思是神圣至尊。名法，法身，指佛陀的真身，也是圆满智慧的象征。

译文

最后五颂是说明实践唯识义理的五重境界。有人提出疑问：既然有如此种种唯识义理，众生究竟如何逐步按理修行呢？本论认为首先要了解大乘佛教所谓“二种种性”的说法。“种性”即是阿赖耶识种子的特性。第一是“本性种性”，指与阿赖耶识同生的本有种子。此类种子无善无恶，清净无染，亦称“无漏种子”，是无为清净的根源。第二是“习所成种性”，是指受现世现象感染薰习的种子，亦称“薰习种子”。此类种子记录着众生现世行为的善恶因果，主宰着众生六道轮回的连续。佛教修行就是逐步通过佛理善法的影响转“薰习种性”为“本性种性”而获清净无染的境界。所以，理解了二种种性的道理，方可进一步领悟实践唯识的方法。

唯识修行可以分成五个阶段，或五种果位。第一是“资粮位”。人们生活诸事之中，以物资粮食最为基本，“资粮位”因而也是唯识修行的基础准备。修习此位相当于大乘修行“顺解脱分”的境界，是走向轮回解脱的开始。它首先要求理解并相信唯识种种义理。那么，修习此位时，有什么表现呢？颂文回答说：

（二十六）尽管还没有体悟到唯识实性的根本真谛，但时时按照唯识的义理努力修行，并祈求清净圆满的境界。在此资粮位中，心中潜伏着的能取和所取的烦恼种子、能知和所知的虚妄分别，仍然没有被息灭。

第二是“加行位”。于此位时，对唯识真谛已有所认识，但仍须加力修行。此位相当于大乘修行“顺决择分”的境界，能取与所取的分别对待已渐渐被消灭。颂文解释如下：

（二十七）于唯识义理已有所妙悟，也会出现清净洞明的境界。仿佛已亲证了圆满的唯识境界，实际上只是修行者的虚妄想象！在加行位中，于唯识实性的智能只是似得而非得。

第三是“通达位”，相当于菩萨修行的“见道位”。位于此位，于唯识义理已能透彻理解，于究极境界已畅通无阻。颂文解释说：

（二十八）若能随时对外物对象，不起分别心，不以为实有，才算是达到“唯识”的境界。这是因为，消除了能取之“自我”与所取之“外物”的对待，就是破除了外物实有而证立了唯有识的真实。

第四是“修习位”，相当于菩萨修行的“修道位”。于此位，已经悟得“我法二空”“万法唯识”的佛法真谛，更须修道以求知行合一，得究竟佛果。颂文说：

（二十九）没有思虑、没有分别、没有得失的清净智慧，是脱离轮回苦海的“出世间智”。由此“出世间智”，可破除杂染烦恼、虚妄分别两种成佛的障碍，逐步实现由烦恼到清净涅槃，由妄知到菩提智慧的转变。

第五是“究竟位”，是修行唯识的最高境界。修习至此位，已可获得无上正等菩提，已能破除一切障碍和污染，达到圆满、洞明的境界，并且能永世度化仍处于痛苦世间的芸芸众生。颂文说：

（三十）“究竟位”是无缺无漏的究极境界，是无所谓分别、无所谓得失的永恒清净，是安定喜乐、脱离苦海的自由自在，是至尊无上的寂默法身。

4 八识规矩颂

原典

眼等五识[①]缘[②]何等境[③]？于三量[④]中，识量是何？于三性[⑤]中，复属何性？颂曰：

性境[⑥]现量[⑦]通三性。

五识界地[⑧]，系属如何？颂曰：

眼耳身三[⑨]二地居[⑩]。

五识助伴[⑪]复有几种？颂曰：

遍行[12]别境[13]善十一[14]，中二[15]大八[16]贪瞋痴。

此五识依缘[17]复如何耶？颂曰：

五识同依净色根[18]，九缘七八[19]好相邻。

已言五识境界[20]诸门，未识此五业用[21]何等？识必有用，故应当说。颂曰：

合三离二[22]观尘世[23]。

既五识五根[24]各别是有，云何世间但说五根五官不别说有五识耶？颂曰：

愚者难分识与根。

上来已知五识有漏位[25]所有诸相[26]，五识转依[27]相复如何？颂曰：

带相观空[28]唯后得[29]，果中犹自不诠真[30]。
圆明[31]初发成无漏[32]，三类分身[33]息苦轮[34]。

注释

① **五识**：指眼、耳、鼻、舌、身五识，相当于五种感觉。

② **缘**：条件。这里指感觉的产生离不开感觉的对象（境）。感觉对象被称为“所缘”。

③ **境**：识的对象。境在识之外，又称为“外境”。外境按照与识的对应关系可分六种，即色（颜色、大小等）、声、香、味、触（触摸的对象）、法（事理）。如按照外境与本质的关系，可分为三种：性境（反映本质）、带质境（似本质而不全是本质）、独影境（错解本质，犹如错觉）。文中所问之“境”是指三境中的哪一境。详见注⑥。

④ **三量**：指现量、比量、非量。量，指量度、标准。三量就是三种计量、思考的形式。现量，相当于感觉，直接认识事物；比量，是模拟、推理，相当于概念思维；非量，指错误的认识。

⑤ **三性**：三种善恶特性，分别是：善、恶、非善非恶。非善非恶在佛教中称“无记”。无记又分二种：有覆无记和无覆无记。“有覆”是指有烦恼隐覆，“无覆”则相反。

⑥ **性境**：实有不虚的外境。性，真实、本质。另

外有“带质境”和“独影境”。带质境是指，意识所认知的对象并不是对象本身，却在一定程度上反映了对象本身。用佛教术语说是：似一分而不全似。独影境则是指，意识完全错误地理解对象。比如，把月亮看成两个之类的错觉。独影境与对象本身已经没有必然的关联。参见前注③。

⑦ **现量**：指感觉认识，直接把握对象。不依赖语言，不依赖推理。参见前注④。

⑧ **界地**：众生世界的不同层次，有三界九地。三界是：欲界、色界、无色界。九地是：欲界一地称五趣杂居地；色界四地即四禅，包括离生喜乐地、定生喜乐地、离喜妙乐地、舍念清净地；无色界也有四地即四空天，包括空无边处、识无边处、无所有处、非想非非想处。三界九地均是按众生修行的不同境界来分别。

⑨ **三**：指眼、耳、身三种识。

⑩ **二地居**：处于二地之中。二地指欲界中的“五趣杂居地”和色界中的“离生喜乐地”。

⑪ **助伴**：指随心而起的心所法。因为心所法伴随心王（八识）而起，故称为“助伴”。参见前文《百法明门论》的有关释文。

⑫ **遍行**：指遍行心所。参见前文《百法明门论》的有关释文。

⑬ **别境**：指别境心所五种。参见前文《百法明门论》的有关释文。

⑭ **善十一**：指善心所十一种。参见同上。

⑮ **中二**：指中随烦恼二种，即无惭、无愧。随烦恼心所共二十种，有小中大之分，小随十种，中随二种，大随八种。是按照活动范围的广狭而分。参见同上。

⑯ **大八**：指大随烦恼法八种，即掉举、惛沉、不信、懈怠、放逸、失念、散乱、不正知。参见上注。

⑰ **依缘**：根据、条件。依，依据。这里指五识得以产生的各种条件。比如，眼识（视觉）的产生要依赖眼睛、视觉对象、光线等条件。

⑱ **净色根**：佛教认为，肉体五官内有一种无形的东西，能反映外物，而且清净无染，这种东西被称为"净色根"。另一个术语"浮尘根"（扶尘根）就是指肉体五官。佛教认为浮尘根是维持、保护净色根。

⑲ **九缘七八**：指眼识（视觉）的产生需要九个条件，耳识（听觉）的产生需要八个条件，鼻舌身（嗅觉、味觉、触觉）三识均要七个条件。所谓眼识九缘指的是：眼根（眼识所依，看取色境），第六、七、八识，作意（接触对象），空（空间），明（光线），色境（对象），眼识种子（一切法均有种子）。耳识八缘相应地少一缘"明"，鼻、舌、身识七缘较耳识又相应地少一缘"空"。

⑳ **境界**：指三境（性境等）和三界。参见注 ③ 和注 ⑧。

㉑ **业用**：作用、功能。业，行为、作为。

㉒ **合三离二**：鼻、舌、身三识是感官与外境直接接触（合），眼、耳二识是感官与外境有一定的距离（离）。

㉓ **观尘世**：观五尘境。

㉔ **五根**：五种器官组织。每一根又包括净色根与浮尘根。参见注 ⑱。

㉕ **有漏位**：处于有缺陷、有污染的状态。有漏，原意是有污物流出，引申为污染和烦恼，与“无漏”相对。

㉖ **诸相**：各种表现、各种现象。

㉗ **转依**：指普通识（前七识）向清净圆满的智慧转变的过程。前七识皆有污染，需要由染转净，由缺陷转圆满。

㉘ **带相观空**：（五识转依而成的“后得智”）观察事物诸现象（相）而不执其为实有（空）。带相，识中有相，以“相”为认识对象。

㉙ **后得**：指菩萨行圆满后所起的五种化他智慧。即：（一）通达智，欲见之境得自在得知之智。（二）随念智，于前观心中了知诸法实相，虽出观后亦得忆持不忘之智。（三）安立智，在了知的诸法境界，能立正教使他人修行之智。（四）和合智，以已得的智慧，观察

诸法和合之境，转一切烦恼为菩提之智。（五）如意智，于自己所欲之一切事，能得自在随意之智。

㉚ **不诠真**：不能解释真理。指“后得智”只分析现象而不能亲证真理。参见上注。诠，诠释、解释。

㉛ **圆明**：指“大圆镜智”而言，圆满、透明，亦指佛教的无上智慧。“圆”喻其圆满无缺，“明”喻其无所不可透察。

㉜ **无漏**：圆满、清净，是佛教的最高境界，与“有漏”相对。参见注 ㉕。

㉝ **三类分身**：三种如来的化身。佛陀变化出种种化身，是为了教化世间众生。对应于不同层次的教化对象，佛陀有不同的化身，一般分三种。对修道较高的菩萨（加行位以上）现千丈化身；对初修道的众生现六丈化身；对世俗凡夫则现普通身（与凡夫相同之身），亦即“随类化身”。

㉞ **苦轮**：五道轮回的无边苦海，以“苦轮”喻之。

译文

八识中眼识等五识（五种感觉）的外境对象有什么特征（属于性境、带质境、独影境中的哪一境）？此五识与“现量”“比量”“非量”的关系如何？五识在“善”“恶”、非善非恶的“无记”三性中，属于哪一性？颂文回答说：

五识的外境对象是实有不虚的“性境”，五识属于现量感觉，直接感知对象；五识通于三性，可善可恶亦可非善非恶。

五识在世俗世界中（三界九地）的何处产生作用？五识分别属于何界何地？颂文回答说：

五识中的眼、耳、身三识处于欲界一地（五趣杂居地）和色界初禅（离生喜乐地）二地之中，其余鼻、舌二识只处于欲界五趣杂居地之中。

与五识相应的心所法（助伴）有哪些？颂文回答说：

遍行心所五种，别境心所五种、善心所十一种都与五识相应，还有中随烦恼法二种，大随烦恼法八种，以及根本烦恼法中的贪、瞋、痴。

五识产生的条件和根据是什么？颂文回答说：

五识的产生都依赖各识的器官识根（净色根）。五识中的眼识得以产生，需要九个条件，它们是眼根，第六、七、八识，作意（接触对象而产生意念），空（空间），明（光线），外境（色境），眼识种子；耳识的产生需要八个条件（相应于眼识少一缘“明”），其余鼻、舌、身三识的产生需要七个条件（相应于耳识又少一缘“空”)。

上面的颂文已具体说明了与五识相关的境、性、量、界地、依缘、助伴。那么，五识的功用是什么？既为识，必有其用。颂文回答说：

鼻、舌、身三识的产生需要感官与对象的直接接触，眼、耳二识则需要感官与对象的分离。五识的作用均是观察世间的色声香味触五尘的境界。

既然五种感觉与五种感官都确实存在，而且互有区别，为什么世间凡夫只说眼、耳等五官五根，而不说有眼识、耳识等五种感觉呢？颂文回答说：

愚痴的人不能区分五种感觉（识）与五种感官（根）。感觉是感官和外境相接触而产生的认识活动。

以上颂文说的是五识在俗世中的表现。那么，五识如何实现向超世俗的转变而成为清净、圆满的智慧呢？颂文回答说：

超出尘世的五识已变成“后得智”，五识面对事物诸现象却知诸相是空幻假有。但五识转变而成的“后得智”还不能完全获得事物的真理。当第八识转成无漏的大圆镜智时，前五识也就随而转为成所作智；于是便可千百亿化身，于六道中息诸众生的轮回苦恼。

原典

次前五识曰第六识。依意根[①]起，故名意识。此识性量境界[②]如何？颂曰：

三性三量通三境[③]。

此识界地复如何耶？颂曰：

三界轮[④]时易可知[⑤]。

此识相应心所[⑥]共有几耶？颂曰：

相应心所五十一。

此五十一心所为是一切同时与意识俱[⑦]，为非一切时皆与意识俱耶？颂曰：

善恶[⑧]临时别配之[⑨]。

此识为是一类相续[⑩]，为是转易[⑪]生起？颂曰：

性界受三[12]恒转易。

唯此意识性界受三恒时转易，彼相应心所无转易耶？颂曰：

根随信等[13]总相连[14]。

此识业用复如何耶？颂曰：

动身发语[15]独为最，引满[16]能招业力牵。

已释染位[17]，次释转依。此识何时初得转依，何时纯成无漏，既转依已得何智耶？颂曰：

发起初心欢喜地[18]，俱生[19]犹自现缠眠[20]。
远行地[21]后纯无漏，观察圆明照大千[22]。

注释

①**意根**：第六意识的根源，指第七末那识。因末那识是“意”，故名“意根”，犹如眼根、耳根等。所谓“根”，是根源、根据，能生长之义。

② **性量境界**：分别指三性、三量、三境、三界九地（与第六意识的关系）。

③ **三境**：指性境、带质境、独影境。参见注 ③ 和注 ⑥。

④ **轮**：像车轮一样前后转动，连续不断。比喻众生在三界之中世世轮回不断。

⑤ **易可知**：指第六意识的活动很容易被观察到。第七第八识的活动则十分细微，不易察知。

⑥ **相应心所**：即前文的“助伴”，共有五十一种，又可分成六类：遍行、别境、善、烦恼、随烦恼、不定。参见前文《百法明门论》的有关释文。

⑦ **俱**：同时发生。

⑧ **善恶**：指心所的善性和恶性。

⑨ **别配之**：分别（不同时）与第六意识兴起。比如散乱心所和轻安心所不可能同时在意识中产生。

⑩ **一类相续**：一类本质相续不变，意思是一类事物不发生向其他类的转化。比如由善转向恶，由欲界转到色界，就不是一类相续。

⑪ **转易**：转化、变易，与“类相续”相对。由生到灭，由染到净，由恶到善，皆是转易。参见前注。

⑫ **性界受三**：指三性、界地、对外境的感受三个方面（皆起变化）。

⑬ **根随信等**："根"指根本烦恼心所，"随"指随烦恼心所，"信"是善心所之一。这里指全部五十一种心所。

⑭ **总相连**：指五十一种心所法始终与第六意识相关联。心所法的善恶性、界地性、外境感受性均随第六意识的变化而变化。

⑮ **动身发语**：导致身体行为（身）和语言行为（语）。众生所作所为可分成三种形式：意业、身业、语业。意业即是意念活动，它是身、语二种行为的根源。所以称"动身发语"。

⑯ **引满**：指引业和满业，是业力的二种形式。引业决定着众生转生五趣中的哪一趣，是总业力。比如，杀生过多得地狱报，盗业过多得饿鬼报。满业决定着众生在某一趣中受报的轻重优劣。比如，同处人趣，吝啬业得贫穷报，贞良业能得容色端正报。所以，引业又称总业，满业称别业，前者为主，后者为辅。

⑰ **染位**：处于污染的状态。同"有漏位"。处于世俗三界之中，即是"染位"。参见注㉕。

⑱ **欢喜地**：亦称极喜地，菩萨十地之一。菩萨在此最初获得圣位，已证能取、所取二空，断分别起之烦恼，已无凡夫之性，成为法身菩萨，既能给自己带来利益，又能给他人带来利益，非常欢喜，故称欢喜地。

⑲ **俱生**：同时发生。这里指同时出现在阿赖耶识中的二种障碍成佛的种子，即虚妄分别障种、烦恼障种。

⑳ **缠眠**：指两种障碍成佛种子隐伏在阿赖耶识之中。

㉑ **远行地**：菩萨修行十地中的第七地。修道菩萨于此地已悟得，万事万物的现象皆是虚幻，而远离小乘的虚妄法执。

㉒ **大千**：一组日月所照世界为一世界，一千世界为一小千世界，一千小千世界为一中千世界，一千中千世界为一大千世界。佛教常用大千世界比喻佛国乐土。

译文

下面讲第六识。第六识随“意根”而起，依根立名，故称为意识。此识与三性、三量、三境（性境、带质境、独影境）的关系如何？颂文回答说：

第六意识既通三性、三量，也通三境。

第六意识在何界何地中发生作用？颂文回答说：

欲界、色界、无色界三界之中皆有第六意识的活动，而且容易察知。

与第六意识相应的心所法有哪些？颂文回答说：

五十一种心所法（各种心理活动）均与第六意识相应。

这五十一种心所是全部同时与第六意识一起产生呢，还是不同时产生？颂文回答说：

第六识造诸染净之业，各心所法随其善恶随时响应，分配之。

第六意识的活动过程是保持相续的稳定性质呢，还是处在不断的变易之中？颂文回答说：

在第六意识的活动过程中，第六意识善恶特性、苦乐感受、所处“界地”都会不断地变化。

是不是只有第六意识本身有转化变易，而与其相应的五十一种心所法却没有变易呢？颂文回答说：

相应心所随第六意识的识性变易而变易。

第六意识的功用又是如何？颂文回答说：

第六意识的意念活动是导致身体行为、言语行为的根源。不论是决定五趣中某趣的总果报，还是决定某趣的善恶优劣的分支果报；都是以意念的业力为最终根源。

以上颂文已经说明了第六意识在俗世中的种种表现。下面则说明第六意识如何从虚妄分别向清净智慧转变。第六意识在什么时候开始这种转变呢？又在何时能真正实现这种转变？经过这种转变，第六意识能获得什么样的智慧呢？颂文回答说：

在大乘菩萨修行至十阶段（十地）中的第一阶位初

欢喜地时，也就是分别我法二执，已断尽之时，心生欢喜，所以初地名欢喜地。但是，两种成佛的障碍，虚妄分别和烦恼心理仍然潜伏在第六意识之中。直到菩萨修行第七阶位“远行地”时，第六意识才转变成纯净无染的智慧，而远离虚妄分别和种种障碍。此时的第六意识已是清净圆满的智慧，可以透观大千世界的一切奥妙。

原典

七识名末那①，此译名意②，思量③为义。为六识依，故名意根。此亦名意识，意即识故，持业释④也。彼之意识依主得名⑤，是为此二名义差别。

七识缘境及彼识性为是何等？颂曰：

带质⑥有覆⑦通情本⑧。

此识三量何量摄耶？颂曰：

随缘执我⑨量⑩为非。

此识相应心所为是何等？颂曰：

八大[11]遍行别境慧[12]，贪痴我见慢相随。

此识业用复如何耶？颂曰：

恒审思量我相随，有情日夜镇昏迷[13]。
四惑[14]八大相应起，六转[15]呼为染净依[16]。

此识转依相复如何？颂曰：

极喜[17]初心[18]平等性，无功用[19]行我恒摧[20]。
如来现起他受用[21]，十地菩萨[22]所被机[23]。

注释

① **末那**：梵文音译，意译是“污染”。因第七识执第八识为自我而恒起污染，故名。

② **意**：思维活动。佛教中常与心、识并称，泛指精神活动。第七末那识也称“意”，因为末那识对阿赖耶识恒起思量。

③ **思量**：思考、计量。第七末那识的活动即表现为对阿赖耶识的思量，并以为其就是自我。

④ **持业释**：根据功用来解释。这里指“意”和

"识"均表现为一种精神活动，所以"意"也可称为"识"即是"意识"。

⑤ **依主得名**：根据事物的根源或主宰来称呼该事物。这里指第六识是以第七识"意"为根源，故称第六识为"意识"。比如眼识、耳识等，都是依主得名或是随根得名。

⑥ **带质**：指三境中的带质境，意思是似一分本质而非全似本质。其他二境是：性境和独影境。

⑦ **有覆**：有覆无记，指有烦恼的非善非恶性，与"无覆无记"相对。

⑧ **通情本**：既与感情相通，也与本质相通，这是对"带质境"的继续解释。第七识由情（执为自我）起，同时也依靠本质，是带质境，也是通情本。

⑨ **随缘执我**：指末那识以阿赖耶识为所缘（思量对象），执其为自我。

⑩ **量**：指三量，即现量、比量、非量。

⑪ **八大**：同第一段原文中的"大八"，指八种大随烦恼法，即掉举、惛沉、不信、懈怠、放逸、失念、散乱、不正知。

⑫ **别境慧**：指别境心所中的慧心所。"慧"指通达事理、决断疑念。参见前文《百法明门论》的有关释文。

⑬ **日夜镇昏迷**：指众生迷惑如处昏迷之中。镇昏

迷，不间断地昏迷。

⑭ **四惑**：指我见、我痴、我慢、我爱。也是根本烦恼法中的四种。参见前文《百法明门论》的有关释文。

⑮ **六转**：指前六识。前六识的污染或清净均随第七末那识的染净转变而转变，所以前六识又称“转识”，简称“六转”。

⑯ **染净依**：染净的标准或依据，指第七末那识。末那识执阿赖耶识为自我就是污染，前六识也就受其污染；末那识远离“我执”则是清净，前六识也随之清净。末那识是前六识染净的依据。参见前注。

⑰ **极喜**：指菩萨修行十地中的第一地，也称“欢喜地”。参见前文注 ⑱。

⑱ **初心**：即初登地之心，初见道心。指处于极喜地时的修行果位，即初步悟得“我法二空”的道理。参见前文注 ⑱。

⑲ **无功用**：没有造作，无所用心的清净境界。是大乘修行十地中第八“不动地”的修行果。

⑳ **我恒摧**：“我执”永远被破除，即指第七末那识不再思量阿赖耶识而执为自我。此时，末那识远离污染，不起思量。这正是第八“不动地”的修行果。参见前注。

㉑ **他受用**：佛陀“受用身”中的一种，指佛现神

通，使众菩萨受用佛陀的无上功德。另一种是“自受用”，指佛可以受用自身的永恒功德。佛教认为，佛有三身，即法身、受用身和化身。法身是佛的本身，化身是佛为教化世间众生而变化之身。变化身有三类。

㉒ **十地菩萨**：处于十地境界中的修行菩萨。大乘佛教认为，开始十地修行的修行者才能称为菩萨。十地以前的只能称为“世间众生”。

㉓ **所被机**：接受智慧的启悟。被，承受。机，事理、道理，延伸为智慧启悟。

译文

第七识是末那识，此识称为“意”，意思是思量。此识是第六意识的依据，所以称为意根。末那识也可以叫意识，因为“意”也是一种精神活动形式（识）。第六识称为意识是依根立名，以“意”为根故称意识。两者都可名为意识，意义却是不同。

那么，第七识的思量对象有何特点？第七识的善恶性如何？颂文回答说：

末那识以阿赖耶识为思量对象，却错认为阿赖耶识是“自我”。所以末那识的外境对象是似本质而非本质的“带质境”。末那识导致烦恼却无所谓善恶，属于有覆无记。

末那识属于三量中的哪一量？颂文回答说：

末那识以阿赖耶识为“自我”，错解了对象的本质，所以属于不正确思维的“非量”。

与末那识相应的心所法有哪些？颂文回答说：

大随烦恼法八种，遍行心所五种，别境心所中的“慧”，以及四种根本烦恼：我贪、我痴、我见、我慢与末那识相应。

末那识的功用如何？颂文回答说：

末那识永恒不断地省察思量阿赖耶识，执阿赖耶识为“自我”。由于末那识的“我执”偏见，世间众生痴迷无知就像处在日日夜夜的昏迷之中。也由于末那识的“我执”偏见，才会随之产生“我见”（自以为是）、“我贪”（利己至上）、“我慢”（自我傲慢）、“我痴”（执迷不悟）的四大根本烦恼，以及八大随烦恼（掉举、惛沉、放逸、不信、懈怠、失念、散乱、不正知）。前六识的清净与污染完全依据末那识。末那识偏执“自我”就会污染前六识；末那识远离“我执”，则前六识转为清净。所以，末那识是“染净依”（或染或净的标准）。

末那识如何实现向清净、圆满智慧的转变？颂文回答说：

在大乘菩萨修行的最初阶位“极喜地”时，没有虚妄分别的平等智慧已开始形成，末那识已开始渐渐离开“自我”的偏执。菩萨修行直至第八阶位“不动地”时，已达到不思虑、不欲求、不动心的无为境界。此时，末那识已远离“我执”，去除污染，首次转变成纯粹清净的大平等智慧。位于此地的菩萨可以感觉到，如来现出千万化身宣讲佛法，开悟痴迷众生。位于“十地”之中的修行菩萨会亲受教化，祛惑解疑而受用佛陀的无上功德。

原典

第八识谓阿赖耶识[①]。阿赖耶识此名藏识[②]，能藏[③]诸法种子，诸法之所积藏[④]，又为七识执藏[⑤]以为我，具三藏义，名藏识焉。

此识性等及相应法[⑥]为何等耶？颂曰：

性唯无覆[⑦]五遍行。

此识界地为是何等？颂曰：

界地随他业力生[⑧]。

何故此识于诸论[9]中多生诤[10]耶？颂曰：

二乘[11]不了因迷执，由此能生论主诤。

此识行相[12]及彼业用为何如耶？颂曰：

浩浩三藏不可穷，渊深七浪[13]境为风[14]，
受熏持种根身器[15]，去后来先[16]作主公。

此识转依相复如何？颂曰：

不动地[17]前才舍藏[18]，金刚道[19]后异熟空[20]。
大圆无垢[21]同时发，普照十方尘刹[22]中。

注释

①**阿赖耶识**："阿赖耶"是梵文音译，意译是"含藏"。阿赖耶识也称"藏识"。阿赖耶识是唯识宗"八识"中的第八识，"三能变"中第一能变。阿赖耶识中含藏世界一切事物的种子，是万事万物的最终根源。又因其能主宰世间众生的善恶因果，也称为"异熟识"。所谓"异熟"是引起果报之义。可参见相关注释。

②**藏识**：阿赖耶识的意译。阿赖耶识的含藏功能可分三个方面："能藏"，指执持一切事物的动因种子；"所藏"，指含藏受薰而成的新种子；"执藏"，指阿赖耶识被第七末那识执为自我。

③**能藏**：阿赖耶识"三藏"义中的一种。参见前注。

④**所积藏**：即所藏。参见同上。

⑤**执藏**：参见同上。

⑥**相应法**：指与阿赖耶识相应而起的相应心所。

⑦**无覆**：即无覆无记，指没有烦恼隐覆的非善恶性。与"有覆无记"相对。参见前文注⑦。

⑧**随他业力生**：指阿赖耶识随众生出现在何界何地完全依据众生在前世的业力（作为）。他业力，众生的所作所为。

⑨**诸论**：佛教各派的理论。这里主要指小乘佛教与大乘佛教（的区别）。

⑩**诤**：争论。

⑪**二乘**：指引导教化众生达到解脱的两种方法。佛教有"三乘"之说，即声闻乘、缘觉乘、菩萨乘。三乘是根据众生的根器不同，而分出的三种修行方法。二乘指声闻、缘觉二种：声闻乘，指钝根之人欲于一念之中速离生死而闻佛言教；缘觉乘，指中根之人为自己利益，入寂静定，得以觉道。二乘中人均不得真谛。

⑫ **行相**：种种活动表现。

⑬ **渊深七浪**：第八识阿赖耶识渊深如海，前七识犹如海浪。佛教中经常把“本体”比成海水，“现象”比成海浪。阿赖耶识是前七识的根源，前七识是阿赖耶识引起的表现；所以，颂文中以“渊深”比喻第八识，以“七浪”比喻前七识。

⑭ **境为风**：无风不起浪，浪起须以风为缘。把“外境”比喻成风，是说明“外境”也是前七识（七浪）得以产生的一个条件。唯识宗认为，前七识中是境不离识，识不离境；每一识均有各自的对象外境。

⑮ **根身器**：即“根身”，指有情生命的原始形体，相当于“胎儿”。佛教认为，“根身”出胎以后即开始生长，由阿赖耶识的本有种子和新薰种子使其相续不坏。此识一旦离开“根身”，身便腐烂而死。器，泛指众生以外的世间万物。

⑯ **去后来先**：指阿赖耶识是众生世世轮回主宰的根源，人身在入胎时识先进入，结束身命时，识最后才离开，因此称“去后来先”。

⑰ **不动地**：指阿赖耶识要到了第八不动地前，俱生我执断时，方舍去藏识（能藏、所藏、执藏）之名。

⑱ **舍藏**：指阿赖耶识于“不动地”时，舍掉作为“藏识”的功能。参见上注。

⑲ **金刚道**：此指金刚喻定，定，其体坚固，其用锐利，可摧毁一切烦恼，故以能破碎诸物之金刚比喻之。此乃三乘学人之末后心，亦即小乘声闻或大乘菩萨于修行即将完成之阶段，欲断除最后烦恼所起之定；生起此定可断除极微细之烦恼而各得其极果，于声闻之最高悟境可达阿罗汉果，于菩萨则得佛果。一般称断烦恼之阶位为无间道，而由此证得真理之阶位称为解脱道，遂以起金刚喻定相当于无间道，由此得阿罗汉果或佛果亦相当于解脱道，故能起金刚喻定之无间道，亦称为金刚无间道。

⑳ **异熟空**：指众生已脱离因果轮回，阿赖耶识现起果报的“异熟”功能不再发生。在“金刚道”后的菩萨已经转阿赖耶识为纯粹无漏识，此时的阿赖耶识已不受薰染，不起果报，只含藏清净无漏种子。

㉑ **大圆无垢**：大圆镜智和无垢净识。阿赖耶识不受薰染，不成新薰有漏种子，亦即不起异熟，已是清净无染的“无垢识”。同时，得“无垢识”，即意味着断一切烦恼，除一切虚妄分别，即得清净圆满的智慧，称“大圆镜智”。圆镜，用以比喻最高智慧的纯粹、圆满。

㉒ **十方尘刹**：难以度量的微尘、刹土，比喻广阔无边的世界。刹，土地。

译文

第八识是阿赖耶识，又称为藏识。阿赖耶识具有“三藏”的功能：一蕴藏万事万物的一切种子；二含藏受薰而成的新种子；三被第七识执为“自我”。

那么，阿赖耶识的善恶性如何？与阿赖耶识相应而起的心所法有哪些？颂文回答说：

阿赖耶识超越善恶，也没有烦恼隐覆，属于“三性”中“无覆无记”。与阿赖耶识相应的心所是“遍行”五种（触、作意、受、想、思）。

阿赖耶识在何界何地中起作用？颂文回答说：

阿赖耶识通于三界九地。此识出现于何界何地完全由众生的所为（业力）来决定。

为什么佛教各派关于阿赖耶识有许多争论？颂文回答说：

小乘论主迷执外法万物，不知世间万物只是随“识”而起的幻相。大乘论主则主张唯有阿赖耶识才是永恒、绝对的万物根源。大小乘论主意见不同，争论也随之而起。

阿赖耶识的种种表现和功用如何？颂文回答说：

阿赖耶识具有“三藏”的功用，即能藏、所藏、执藏。此种功用永恒无限，不可穷尽。其他七识皆由阿赖耶识变化而起，阿赖耶识是海水，七识就是波浪，七识各自的外境对象就是海上之风。阿赖耶识藏有众生万物的一切种子，阿赖耶识也可以接受众生带来的薰习而产生新的种子。阿赖耶识是众生生死轮回的主宰，也是万物生起的根源。

阿赖耶识如何实现向纯净无漏智慧的转变？颂文回答说：

大乘菩萨修行至第八阶位“不动地”前，俱生我执断时，方舍去藏识之名。但是还尚有微细法执，必须等到菩萨位的最后一刹那，即金刚定后心起，借坚固的定力，以一念相应慧，破生相无明，一切有漏种子皆化为大圆镜智，才脱离了异熟范围。阿赖耶识由此转变成纯净圆满的智慧，普照十方尘刹大千世界，启悟所有痴迷众生。

源流

“唯识四论”是唯识学鼎盛大成时期的著作，其源头基本上散布于以前的浩繁经论之中；而其续流则几乎完全断了一千多年，直至十九世纪末二十世纪初才又有现代唯识学的兴起。唯识学的发展主要体现在两部经典的传承线索上，一是《瑜伽师地论》，一是《唯识三十颂》。其余的唯识典籍基本上没有明显而稳定的传承发展，只有在整个唯识义理系统中才能确定它们的位置。

世亲以前

本书所选的“唯识四论”，其中有三部是世亲所著，最后一部《八识规矩颂》是玄奘大师为教学方便而写的有关八识要义的简明手册。所以，了解世亲以前的唯识思想，是探明“唯识四论”源头的关键。

全部古代唯识学可以分为五个时期：源流时期（阿含经和小乘佛教）、独立时期（大乘六经）、大成时期

（无著和世亲）、分流时期（十大论师）、中国唯识（玄奘、窥基）。下面我们主要从阿含经、小乘教、大乘六经、无著唯识等几方面来说明世亲以前的唯识思想。

（一）阿含经

《杂阿含经》《长阿含经》《增一阿含经》《中阿含经》等“四阿含”是原始佛教的主要经典，讲述十二因缘、四圣谛、八正道等基本佛教教义。所谓“阿含”是“集聚”之义，指佛教义理的汇集。四阿含是大小乘佛教均信奉的经典，也可以说是唯识思想的最早源泉。阿含经中所开示的“因缘流转”和“还灭尽空”的义理是大乘佛法的究竟心要，也是唯识学讲“依他起性”和“我法假说，万法唯识”的最早源头。

（二）小乘部派佛教

在数百年的小乘部派佛教史中，唯识思想得以零星、散乱地发展着。唯识思想的独立和成熟离不开这个散布的发展环节。现简单举几个例子，从这些例子中我们可以看到，这些细节的逐渐聚合会产生出一个完整的唯识系统。

（1）细心或细意识。小乘各部大都有“细心”或“细意识”的说法。一开始都认为“细心”是第六识的细分（观念分析），而不是一种独立的意识形式。但是第六意识是有生灭的，它无法解释众生五道轮回的相续不断。后来，这种“细心”就逐渐转变成六识以外的不断灭的“细意识”，它就是阿赖耶识思想的先驱。

（2）穷生死蕴。经部的“穷生死蕴”或“细蕴”是关于还没有现行而起的“潜存”学说，“穷生死蕴”即相当于唯识学的“种子”。

（3）境不成实。经部经典已有“十二处假有”的说法，这有可能启示出“唯识无境”的唯识要义。

（4）习气和业力。小乘各部均涉及众生业力和习气的关系问题，但对业力究竟如何感染、影响众生的轮回果报则做不出有力的解释。这也会激发出“新薰种子”“阿赖耶识异熟”等解释众生轮回的唯识思想。

（三）大乘六经

一些大乘教所信奉的经典中较集中或明显地出现了唯识思想，它们成为导致唯识系统的直接原因。唯识宗特别提出其中六部经典作为唯识学的根本典籍，它们包括：《华严经》《楞伽经》《大乘阿毗达摩经》《密严经》《菩萨藏经》《解深密经》。

《华严经》中有“三界虚妄，但是一心作”的说法，接近唯识宗提出的“三界唯心，万法唯识”。《楞伽经》

既有般若思想，也有唯识思想，其中提到“长生不断，自性清净，如来藏”，接近阿赖耶识；其中还讲到“二无我”“五位法”“三自性”等唯识思想。《阿毗达摩经》则谈到“一切唯识”的万法唯识思想。《密严经》中系统论述了阿赖耶识。尤其是《解深密经》，它标志着唯识学系统的最初独立和成形。

（四）解深密经

《解深密经》共分八品，一《序品》，说唯识之境。二《胜义谛相品》，说一切诸法事相。三《心意识相品》，说阿赖耶识。四《一切法相品》，说三自性。五《无自性相品》，说三无性，三时教。六《分别瑜伽品》，说唯识无境。七《地波罗蜜多品》，说修行的阶位和途径。八《如来成所作事品》，说修行的果位。这里已具备唯识学系统特有的结构：境—行—果或相—性—位，初步反映出唯识宗“破相见性”“转识成智”的两大宗趣。这样的结构我们还会在《瑜伽师地论》和《唯识三十颂》中看到，它成为唯识学系统的基本格局。尤其是《三十颂》，已成为这种格局最凝练、最简明的表现。如果作一简单的归纳，《解深密经》至少从以下六个方面直接贡献于唯识系统的建立：

（1）在有间断的六识以外，确立第八识阿赖耶识。

（2）系统提出“唯识无境”的根本原理。（3）对“三自性”“三无性”的详细说明。（4）确定“三乘教”是究竟教。（5）提出“如来镜智”是有生有灭，并非常住人间。（6）确立“三时教”，即阿含言有第一时、八部般若言空第二时、《解深密经》空有双彰第三时。

（五）无著与瑜伽师地论

唯识宗形成的真正标志是无著的《瑜伽师地论》。无著是世亲的长兄，约生活于公元四五世纪，也是先由说一切有部出家，后弃有部而归大乘。传说无著接受了弥勒所传的大乘教理，经弥勒口述，写下《瑜伽师地论》，并尽得其要义，著论发挥，有《摄大乘论》《显扬圣教论》《顺中论》等，终成唯识宗的最早创始人。

《瑜伽师地论》亦称《十七地论》，因为它的主要内容是对禅观修行十七境地的讨论。全书分五个部分：（1）本地分，把瑜伽禅观修行分成十七地（十七层境界）。（2）摄抉择分，论述十七地要义。（3）摄释分，解释诸经的仪则。（4）摄异门分，解释诸经中各法的差别。（5）摄事分，论述三藏（经、律、论）的要义。其中以“本地分”为该论的核心，也集中反映了唯识思想。全论的组织略如下表：

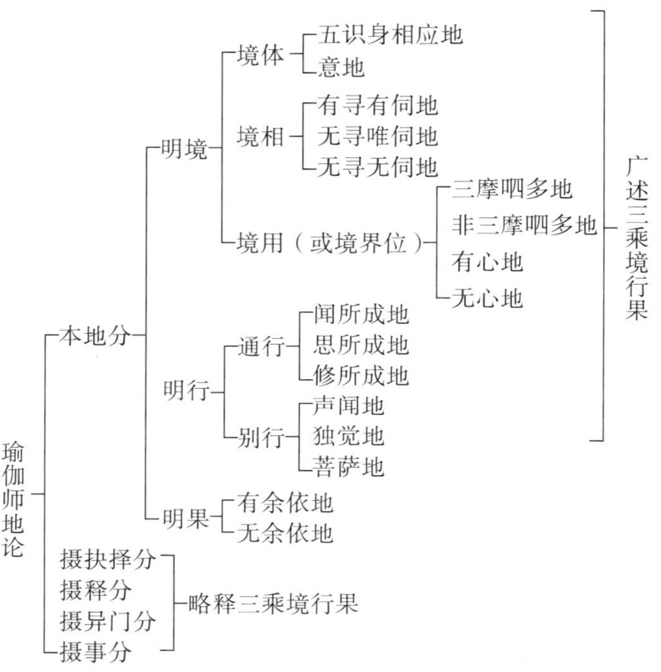

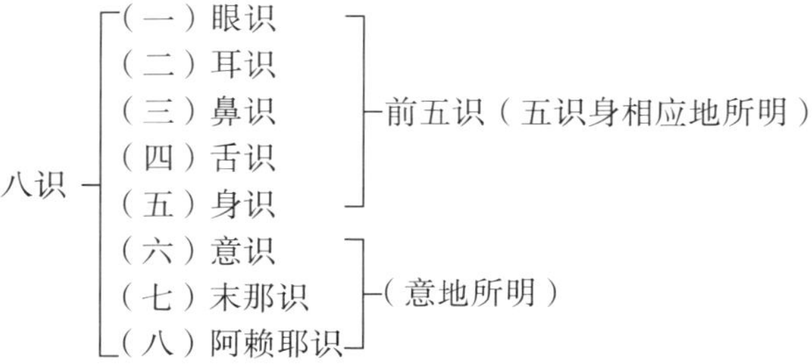

在明境体中，详细地说明了八识，并提出证立阿赖耶识的八种方法。在明境相中讨论八识如何转变现起种

种境相。在明境用中说明八识的功用。明行是讲唯识的三乘修行，即声闻、独觉、菩萨。明果是讲成佛的究竟果位。而后四分则是对本地分的简释。

在内容和体系结构上，《瑜伽师地论》是上承《解深密经》，下启《唯识三十颂》。

（六）六经十一论

为了进一步说明本书所选四论中的前三论在唯识系统中的位置，下面列出作为唯识经典系统的六经十一论。六经前面已经提到，下面只列出十一论，并加上副题。

本论……………………………《瑜伽师地论》

一略陈名数论……………《百法明门论》

二依名解义论…………………《五蕴论》

三总包名义论……………《显扬圣教论》

四广包名义论………………《摄大乘论》

五分别名数论……………………《集论》

六离僻彰中论………………《辨中边论》

七摧破邪山论……………《二十唯识论》

八高建法幢论……………《三十唯识论》

九庄严体义论………………《大庄严论》

十摄教归观论……………《分别瑜伽论》

百法明门论

《百法论》的主旨是统摄群有，概括宇宙一切现象。所谓“法”是“物”的异名。对世间现象种种的研究和概括一直是佛学的一个重要内容，这样的内容起初大都散布于各种佛教经论之中，不成系统。在小乘说一切有部的“阿毗达摩”系统书籍中，这样的内容才有了初步系统化的面目，比如“五位法”的确定。我们在这里选择《阿毗达摩俱舍论》来谈其与《百法论》的关系。因为两者均是世亲所著，我们更易看出其中的关联和变化。

（一）俱舍论与百法论

阿毗达摩意译为“对法”或“比较诸法”，着重于诸法名相的分析。在《俱舍论》中，世亲综合一切有部和经量部的观点，把世界一切现象按五蕴、十二处、十八界三科分类，用五位七十五法总括之；并提到“我空”“法有”的有部思想。下表列出五位七十五法：

七十五法与百法的五位分类是一致的，不同之处可以简单归纳如下：

（1）次序不同。《俱舍》以色法为先，《百法》以心法为先，充分反映世亲由小乘向大乘的转变。（2）《俱舍》中没有第七和第八识，《俱舍》中根本没有唯识思

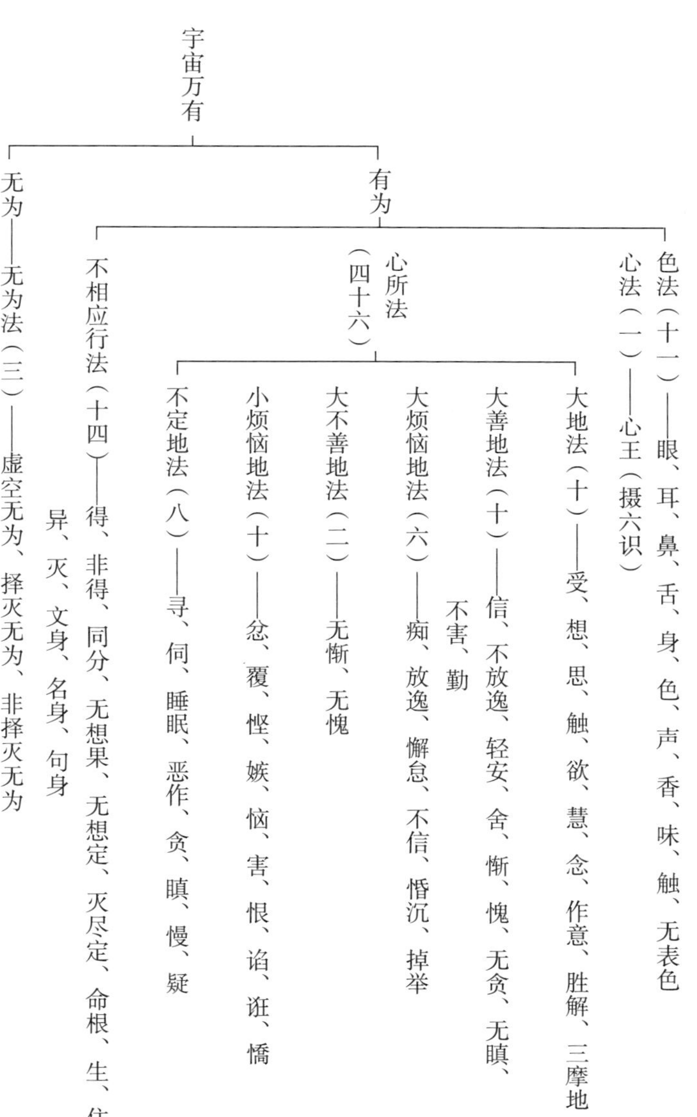
宇宙万有
有为
无为
色法（十一）——眼、耳、鼻、舌、身、色、声、香、味、触、无表色
心法（一）——心王（摄六识）
心所法（四十六）
大地法（十）——受、想、思、触、欲、慧、念、作意、胜解、三摩地
大善地法（十）——信、不放逸、轻安、舍、惭、愧、无贪、无瞋、不害、勤
大烦恼地法（六）——痴、放逸、懈怠、不信、惛沉、掉举
大不善地法（二）——无惭、无愧
小烦恼地法（十）——忿、覆、悭、嫉、恼、害、恨、谄、诳、憍
不定地法（八）——寻、伺、睡眠、恶作、贪、瞋、慢、疑
不相应行法（十四）——得、非得、同分、无想果、无想定、灭尽定、命根、生、住、异、灭、文身、名身、句身
无为——无为法（三）——虚空无为、择灭无为、非择灭无为

想。（3）在心所法上的分类不同。《俱舍》中所谓“地”是指“心王”。（4）五位各类的数目不同，比如《俱舍》中的“非得”在“百法”中没有，而《百法》则多出二十五法。具体差别对照二表则可得之，这里就不一一列出。总的来说，《百法》更为合理而且全面。

《百法论》作为宇宙现象要素论，它最初的方法和结构是起源于阿毗达摩系统。在《俱舍论》以前还有《发智论》和《大毗婆沙论》，其中《发智论》是最早的经典。至于《百法论》的严密完备化以及它的唯识背景，则是直接起源于《瑜伽师地论》。

（二）瑜伽师地论与百法论

《百法论》有一个副标题“本地分中略录名数”。“本地分”是指《瑜伽师地论》的第一部分。在“本地分”中共涉及六百六十法，世亲结合《俱舍论》中的方法和“本地分”的唯识思想，把六百六十法概括成百法，并写成《百法论》。《百法论》的一开始就标出“一切法无我”，并在百法以后又说明了“二无我”，这充分反映出《百法论》的唯识旨趣。百法五位的次序也能说明这一点。

《瑜伽师地论》中之所以有如此众多的六百六十法，是由于繁细罗列的结果。例如“色法”中的“色”，就分三类：显色、形色、表色。“显色”包括青、黄、赤、白、光、影、明暗、云、烟、尘、雾、空一显色等；“形色”包括长、短、方、圆、粗、细、正、不正、高、下等；“表色”包括取、舍、屈、伸、行、住、卧等。如果愿意，还可以进一步分下去。宇宙现象，实际上是无限无量，我们无法全部罗列，而只能进行某种程度的概括。《百法论》就是这样的概括，它没有罗列群有，却能统摄群有。

（三）百法明门论解

《百法论》被认为是法相唯识学的入门书。玄奘的译本出现以后，许多唯识学者都有注释，其中以窥基的《百法论解》和普光的《百法论疏》较为有名。《百法论解》的特点是提纲挈领，简明扼要，特别是其对心所法的本性（性）和业用（业）两方面的解释，堪称概念解释的典范。其具体内容，前面已经说过，在此省略。

（四）百法明门论疏

该疏为普光所作。普光与窥基、嘉善、神昉同为玄奘的四大高足，约生活于七世纪。《百法论疏》首先解释五位法名称的由来，然后才以各门料（分析角度）解释各法。在对各位法的解释过程中，也是先释诸法义理，再用门料加以说明。具体的门料运用如下：以缘境、四缘、四界、重数、三性五门料解释心法八识；以诸论不同、假实、四界、三性、废立等五门料解释心所有法；以诸论不同、释妨难、辨假有等三门料解释不相应行法。对色法和无为法只是释名。

所谓“门料”是指特定的分析角度。比如，我们要想了解一个人的身材，就要知道他的身高、体重、三围、四肢长短等。身高、体重等就是身材的门料。下面对上述门料中的疑难者略作解释：“四缘”指因缘、等无间缘、所缘缘、增上缘。用来说明八识之间的因缘关系。“四界”于三界外加一“无漏界”，则前三界属有漏。“重数”指活动表现的层次，如六识是种子和现行二重，七识再加相续就成了三重。“诸论不同”是指《瑜伽师地论》《显扬圣教论》等的不同论述。“废立六位”是指六位心所与不相应行法的关系。“释妨难”是对疑难的解释。

普光的解释要比窥基详细得多，但略显琐碎。

（五）其他注疏

据《新编诸宗教藏总录》第三卷记载，唐代对《百法论》的注疏有数十种之多，现表列如左：

百法论

决颂一卷	
述记二卷	以上　窥基述
显要钞五卷	
科二卷	以上　义幽述
疏二卷	义忠述
聚拾钞十六卷	崇琏述
钞十六卷	景猷述 慧涉删补
金台义府十五卷	
科二卷　大科一卷	以上　诠明述
纲要略释一卷	智因述
疏一卷	圆测述
总述三卷	
注一卷	以上　义寂述
记一卷	亡名

隋唐以后，唯识学几乎断绝，直至清末，在杨仁山、欧阳竟无的推动下，才又有复兴。涉及《百法论》的文章有：欧阳渐的《百法五蕴叙》、熊十力的《佛教名相通释》、大圆居士的《百法明门论简义》、交芦子的《百法明门论的宇宙观》。后两种收在台湾版现代佛教学术丛刊第二十九卷《唯识典籍研究》(一)之中。当不止如此，只是作者所知有限。

唯识二十论

（一）三个译本

《唯识二十论》的汉译本共三种。一是北魏译本，般若流支译，名《唯识论》，有二十三颂。二是南朝陈译本，名《大乘唯识论》，真谛译，有二十四颂。三是唐玄奘译，名《唯识二十论》，有二十一颂。其中的后二十一颂是根本文，在魏、陈二译本中多出来的颂是它们各自加上的开宗之颂。这些开宗之颂在唐译本中，则变成了长行释文。在内容上，就世亲的体系来说，以唐译本为准确，而且文字更优美。如唐译第八颂是“识从自种生，似境相而转，为成内外处，佛说彼为十”，而在魏本（第九颂）则为“依彼本心智，识者取外境，是故如来说，有内外诸入”。后者的思想与世亲就有距离了。陈本较魏本要好，仍不及唐本。

窥基所撰的《唯识二十论述记》中就说：“睹先再译，知其莫闲奥理，义多缺谬，不悟声明，词甚繁鄙，非止一条，难具陈述。”这也是玄奘要再译的原因，以下列出魏本和陈本的颂文，读者可以自行比较。两者都收于《大正藏》第三十一册。

唯识论　一卷 一名破色心论

天亲菩萨造

北魏瞿昙般若流支译

唯识无境界　以无尘妄见　如人目有翳　见毛月等事

若但心无尘　离外境妄见　处时定不定　人及所作事

处时等诸事　无色等外法　人梦及饿鬼　依业虚妄见

如梦中无女　动身失不净　狱中种种主，为彼所逼恼

畜生生天中　地狱不如是　以在于天上　不受畜生苦

若依众生业　四大如是变　何故不依业　心如是转变

业薰于异法　果云何异处　善恶薰于心　何故离心说

说色等诸入　为可化众生　依前人受法　说言有化生

依彼本心智　识妄取外境　是故如来说　有内外诸入

观虚妄无实　如是入我空　观于诸异法　入诸法无我

彼一非可见　多亦不可见　和合不可见　是故无尘法

六尘同时合　尘则有六厢　若六唯一处　诸大是一尘

若微尘不合　彼合何所成　言微尘无厢　能成则有厢

有法方所别　彼不得言一　影障若非大　则彼二非彼

若一行不次　取舍亦不同　差别无量处　微细亦应见

现见如梦中　见所见不俱　见时不分别　云何言现见

先说虚妄见　则依彼虚忆　见虚妄梦者　未寤则不知

迭共增上因　彼此心缘合　无明覆于心　故梦寤果别

死依于他心　亦有依自心　及种种因缘　破失自心识
经说檀拏迦　迦陵摩灯国　仙人瞋故空　是故心业重
诸法心为本　诸法心为胜　离心无诸法　唯心身口名
他心知于境　不如实觉知　以非离识境　唯佛如实知
作此唯识论　非我思量义　诸佛妙境界　福德施群生

大乘唯识论

南朝陈真谛译

修道不共他　能说无等义　顶礼大乘理　当说立及破
无量佛所修　除障及根本　唯识自性静　昧劣人不乐
实无有外尘　似尘识生故　犹如翳眼人　见毛两月等
处时悉无定　无相续不定　作事悉不成　若唯识无尘
定处等义成　如梦如饿鬼　续不定一切　同见脓河等
如梦害作事　复次如地狱　一切见狱卒　及共受逼害
如畜生生天　地狱无杂地　道狱中苦报　由彼不能受
由罪人业故　似狱卒等生　若许彼变异　于彼何不许
业薰习识内　执果生于外　何因薰习处　于中不说果
色等入有教　为化执我人　由随别意说　如说化生生
识自种子生　显现起似尘　为成内外入　故佛说此二
若他依此教　得入人无我　由别教能除　分别入法空
外尘与邻虚　不一亦不异　彼聚亦非尘　邻虚不成故
一时六共聚　邻虚成六方　若六同一处　聚量如邻虚
若邻虚不合　聚中谁和合　复次无方分　邻虚聚不成

若物有方分　不应成一物　影障复云何　若同则无二
若一无次行　俱无已未得　及别类多事　亦无细难见
证智如梦中　是时如证智　是时不见尘　云何尘可证
如说似尘识　从此生忆持　梦见尘非有　未觉不能知
更互增上故　二识正邪定　梦识由眠坏　未来果不同
由他识变异　死事于此成　如他失心等　因鬼等心力
云何檀陀林　空寂由仙瞋　心重罚大罪　若尔云何成
他心通人智　不如境云何　如知自心故　不知如佛境
成就唯识理　我造随自能　如理及如量　难思佛等境

（二）万法唯识的证立

《唯识二十论》的宗旨是要证立以下命题："一切事物皆是依识变现的假象，只有识是真实的本源"，这就是"万法唯识"或"唯识无境"的道理。对"唯识"的系统证立最初出现于《解深密经》中，随后又有《瑜伽师地论》和《显扬圣教论》的论证。在唯识学系统中，有三种典型的证立"唯识"的方式：一是瑜伽论的方式，二是显扬论的方式，三是成唯识论的方式。而《唯识二十论》的证立方法则是成唯识论方式的基础。

在《瑜伽师地论》中，从八个方面证明阿赖耶识的存在。一执受证，肉体的感受或感应以什么做主体呢？二初起证，何物是最初的根源呢？三明了证，我们可以刹那间了别对象，这又是什么在起作用呢？四种子证，谁执持或含藏一切法的种子呢？五业用证，众生轮回过程的复杂业用是如何产生的呢？六身受证，生命的延续靠什么？七无心定证，五识力定，有时还会有突然的感觉，这是为什么？八命终证，生命的断灭是阿赖耶识执持作用的“逐渐”消失。这八个方面可以归纳成阿赖耶识的根源性、潜在性、相续性三方面的说明。

《显扬圣教论》的证立方式和主题则更直接地影响了《唯识二十论》。《显扬圣教论》是无著所著用来阐扬《瑜伽师地论》的唯识义理。其中用八种比喻来说明外境只是内识所变现的虚幻，从而证立“唯识无境”的唯识宗旨。八喻分别是：一幻事喻，即幻觉，如龟毛、兔角。二阳炎喻，如画饼充饥、望梅止渴。三说梦喻，梦境非实，而梦不知。四镜相喻，外境如镜中之像。五光影喻，影因光现，境由心生。六空谷喻，空谷回响，非是实有。七水月喻，外境如镜相，就如水中月。八变化身喻，佛陀有许多化身，而我们却妄以为是实。这些无非是要说明外境是识变的镜相；是依他物而生起的幻影，所以“唯识无境”。

《唯识二十论》是通过破七种外道驳难来证立“唯

识”义，其正面的理论依据仍不外乎是“直觉如梦境”“境不离识”等。也加上了一些新的论证方式，如外境的“一多”关系，直觉的瞬间消失等。这种“唯识无境”的思想在《唯识三十论》中进一步系统化为“三能变”的学说。可以这样说：“万法唯识”的逐渐证立及其系统化的完成应该是唯识学系统的核心部分。在这一过程中，《唯识二十论》的作用不可低估。

（三）唯识二十论述记

这是一本注解《唯识二十论》的重要著作，由笔受翻译《二十论》的窥基所著。《述记》的内容安排如下：先叙述再译《二十论》的缘起，次解释题目，再次以“三门”分析“大乘唯识”之义。一显教时机，教时即三时教；教机指三乘。二明论宗体，宗是唯识宗，体是三体，即真如体（摄相归性）、心体（摄境归识）、声体（摄假归实）。三依论所明判文别释，阐明三种译本的不同。最后则是对《二十颂》原文的具体解说。

窥基的文章向来以提纲挈领、简明扼要为特点，其解说也不例外。如他在《述记》中对《二十论》的第一段长行释文的注解，即是先标出纲领结构，然后才分疏义理。他对这段长行作如下概说：初立论宗，诸法唯识。二显由经说，以经为证。三释外伏难，简择唯言。四明唯识义，举喻以显。这种先略后广、先概说后分疏的细致方法，成为唯识经典的通用方法。

（四）其他注疏

有《成唯识宝生论》，此论是护法著，义净（唐）译，又名《二十唯识顺释论》。据说，在印度当时有十余家注释过《二十论》，但只有护法的注有汉译本。此论收于《大正藏》第三十一册。《唯识二十论疏》，唐圆测著。估计唐代还有其他注释，大都只有目录没有正文保存下来。在现代佛教学术丛刊（中国台湾版）第二十九卷《唯识典籍研究》中，有以下注本：《二十唯识论疏》（王恩洋）、《二十唯识论述要》（雪松）、《唯识二十论颂释》（时三）。

唯识三十论

（一）解深密经、瑜伽师地论与唯识三十论

《三十论》是世亲大师的最后一部作品，写完后来不及作长行释文就逝世了。传说当时的世亲已有八十高龄。《三十颂》可以说是世亲对其一生精研唯识的最后

总结，这些异常简约的颂文，紧密而有条理地集合在一起，非常完备地概括出唯识学系统。难怪窥基称其“万象含于一字，千训备于一言”。

最初建构唯识体系的是《解深密经》；然后是《瑜伽师地论》；最后，这一系统明晰而简洁地体现在《唯识三十论》中。以下分别列出它们的内部组织，以作比较：

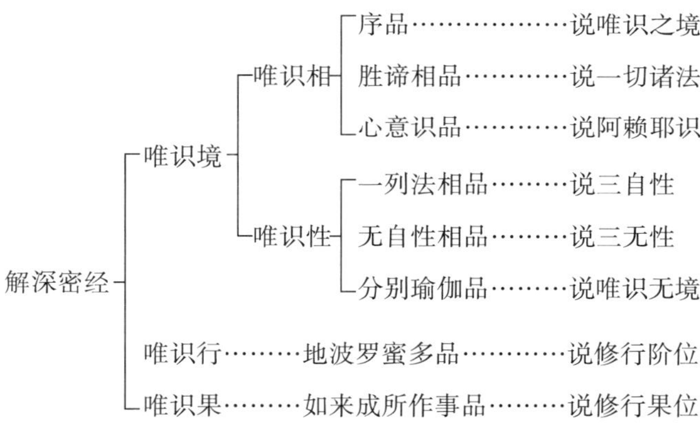

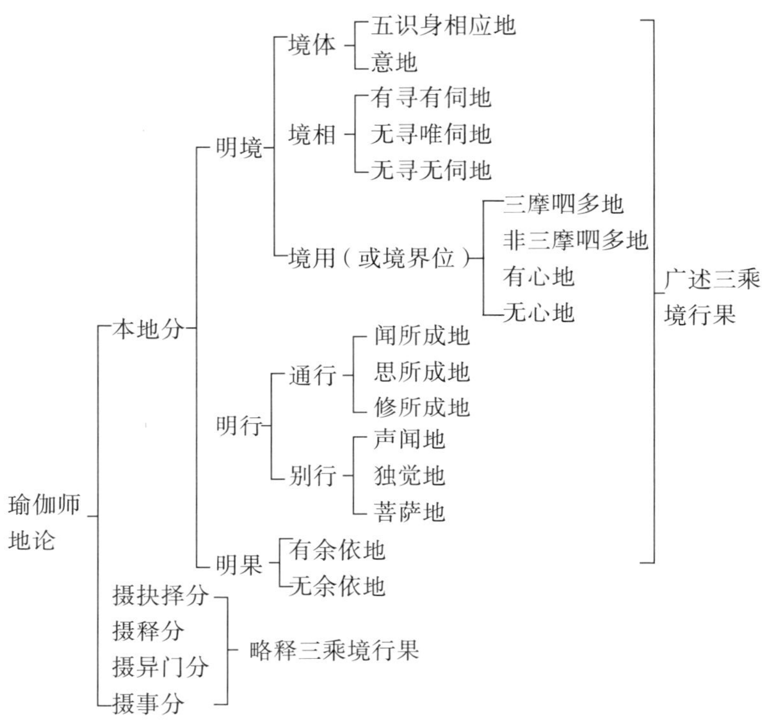

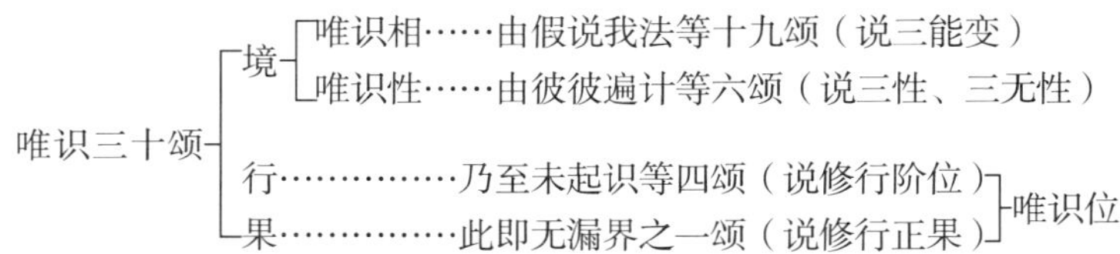

这种境、行、果（或性、相、用）的唯识系统就是由《解深密经》到《三十颂》，一步步明确化和完整化。这里不仅体现出唯识学的理论方法，而且说明了唯识学义理的一个重要特点。真正学佛的人必当以行果为重，但是行果不会凭空而来。如果不明现象（相境），吾人修行就不知从何做起，又如何能证果呢？破相见性的智慧是凡夫众生证得佛果的必要环节。

（二）十大论师

据说世亲去世以后不久，就有二十八家论师注释《三十颂》。一时间，《三十颂》成为唯识研究的中心。其中较出名的有十大论师：亲胜、火辨、德慧、安慧、难陀、净月、护法、胜友、最胜子、智月。十大论师中又以护法的解释最为详备、合理。

十大论师在解释《三十颂》的过程中，出现很多不一致的说法，以下对这些异说作一简单归纳：

（1）末那识所依说。难陀、安慧认为末那依缘种子阿赖耶，而非现行阿赖耶。护法则认为种子阿赖耶或现行阿赖耶都是末那识的依据，前者是“因缘依”，后者是“不共俱有依”。

（2）三位无有末那说。三位指“灭尽定”“无心定”“出世道”的修行三位。安慧认为达到三位，即是没有了末那识的实体，被称为“体无家”。护法认为位于三位时，只是去除了末那识的“我执”污染，末那之体并不消失，被称为“义无家”。

（3）诸识遍计说。安慧认为八识和有漏种子均是遍计。护法则认为，六、七识是遍计；前五识和第八识没有遍计。

（4）心用多少说。安慧不认为有心识的分用，难陀提出见分和相分的二分，陈那提出自证分、见分和相分的三分说。护法则再加上“证自证分”成四分说。

（5）种子说。护月认为种子本有，难陀只承认“新薰种子”，护法则认为本有、新薰皆有。

还可以列举一些。总的来说，在十大论师中有两种主要方向，一是安慧的多承古义；二是护法的细密剖析，颇有新见。护法的思想特质在于有条理、有思辨，这多少得益于因明大师陈那的影响。

（三）成唯识论

玄奘大师本打算将十大论师的注释一一译出，而且已经做了一些工作。其弟子窥基却觉得，这样做会使异说纷纭，难以抉择，徒增众人迷惘。便建议在十家中以护法为主，参酌调和其他各家之说，糅译成一部书。玄奘采纳了窥基的建议。于唐显庆四年（公元六五九年），一部伟大的作品诞生出来，这就是唯识宗最重要的经典《成唯识论》。

《成唯识论》的内容组织大致如下：先说一段祈愿颂，祈福皈敬。次述本论的旨趣，一生正解，对我法诸相要有正确认识。二断二障，破除我法二执。三得胜果，得究竟果位。然后分十卷逐一解释《三十颂》的正文。卷一至卷二中讲第一和第二前半颂，破小乘、外道的我法二执；卷二中至卷四中讲第二颂至第四颂，说初能变阿赖耶识；卷四中至卷五中讲五、六、七三颂，说末那识；卷五中至卷七中讲八颂至十六颂，说前六识；卷七中至卷八中讲十七、十八、十九三颂，小结唯识无境；卷八中至卷八末讲二十至二十二三颂，论述“三自性”；卷九讲二十三至二十五三颂，讨论“三无性”；卷十讲后五颂，即唯识五位。

《成唯识论》是印度唯识学的真正总结，它与《解深密经》《瑜伽师地论》共同构成“唯识三典”。

（四）成唯识论述记

此《述记》是窥基所作，宗旨是破斥小乘、外道对我法的偏执。内容涉及《三十论》和《成唯识论》的写作缘起以及用五门料的方法判释《三十论》的正文。这里的五门料是指：一辨教时机。二明论宗体。三藏乘所摄，藏是三藏，乘是三乘。四说教年主，说明十大论师的年代。五判释本文，就正文解说教义。

对《成唯识论》的注疏即是对《唯识三十颂》的解说，只是多了一个十大论师的注释环节而已。

（五）唯识三疏

在《成唯识论》及其《述记》出现以后，唐代的注释至少有三十多家，其中三家最为有名，被称为“唯识三疏”。

（1）《成唯识论掌中枢要》，窥基著。窥基也被称为法相宗初祖。该注首先叙述《成唯识论》的成书过程，次释本论的题目和所被的根机，最后逐一解释颂文。该疏于《成唯识论述记》未详细处更详解释，特别对《三十颂》的科段、五种姓、三类境等重要问题有所论述。

（2）《成唯识论了义灯》，惠沼著。惠沼是法相宗二祖。该书主要是破斥圆测、普光、慧观在解释《成唯识论》中的异说，以弘扬玄奘、窥基的正统唯识。该书较晦涩，是唯识书系中有名的难读书目。

（3）《成唯识论演秘》，智周著。智周是法相宗三祖。该书宣扬唯识，发挥《成唯识论》及其《述记》的幽远之义，且字句易解，实是初学唯识的人所不可不读。

此三疏均收于《大正藏》第四十三册。

（六）其他注疏

据《新编诸宗教藏总录》第三卷，列出注疏二十余种，现摘录如下（该《总录》收于《大正藏》第五十五册）：

成唯识论		
述记二十卷或十卷		窥基述
了义灯七卷		惠沼述
演秘钞七卷		智周述
义镜钞十二卷或六卷		清素述
义景钞二十卷或十四卷		澹凝述
科五卷		从式集 澹凝删补
疏序钞一卷		从式述
详镜幽微新钞十七卷		
应新钞科文四卷　大科一卷	以上	诠明述
辩玄钞二十卷　科七卷	以上	义幽述
义组章十卷或五卷		空相述
疏二十卷或十卷		圆测述
纲要十三卷		道证述
要集决明章四卷		
要集略述十卷	以上	神雄述
疏二十卷		玄范述
贬量二十五卷		憬兴述
古迹记十卷		太贤述

开发章四卷或二卷

掌中枢要四卷或三卷或二卷 以上 窥基述

义津钞六卷 藏用述

集解三卷 惠素述

义苑钞三卷 悟真述

广述六卷 神雄述

宗要一卷 元晓述

别章三卷 圆测述

要决二卷 遁伦述

决择一卷 太贤述

另收于台湾现代佛教学术丛刊第二十九卷《唯识典籍研究》(一)的有三种:《唯识三十论释》(演培)、《三十唯识论之研究》(吟雪)、《安慧三十唯识论释略抄》(吕澄)。

八识规矩颂

(一)缘起

《八识规矩颂》是玄奘为开佛徒学习唯识之方便,而以十二颂的短文略说八识诸种性相。该书可为唯识学的学习手册。尽管如此,《八识规矩颂》也是对八识学说的一个总结，涉及唯识学的众多概念，诸如性量、三境、界地、依缘、业用、转依等。

关于《规矩颂》的成书也有另一种说法。唐人的著述中一直未提到该书，直到元代云峰之的《唯识开蒙》中才提及此书。有人认为此书是唐代学术末流所作，只是假托奘师之名而已。而且，《规矩颂》的有些颂文有欠妥当，显然不应是玄奘所作。如有“去后来先作主公”一句，对前六识实际上只有生灭，没有前后。

（二）八识规矩颂补注

《规矩颂》一直没有单行本，大家只是辗转传抄而已。自元代出世以来，才逐渐有人作注，其中以明代普泰的《补注》较为出名。《补注》一书的内容组织如下：

（1）先简说《三十颂》《成唯识论》的缘起，认为《八识规矩颂》是吸取前二书的大义而著成，只是言有广略而已。初学唯识的人，当由略至广，《规矩颂》就是以略引之。而真正的学者则可略可广。

（2）初学者易从略而入，但如果于其深义不甚了了，则是徒能背诵而已。所以需要广释，以究其繁杂的义理。

（3）释“补”。为何称为“补注”呢？这是因为《规矩颂》一直没有稳定的单行本，大家只是彼此传抄而已。众人屡屡抄录，则讹传、缺字就难以避免。所以，在注释之前需要做一番补缺正讹的工作。

（4）对正文逐一解释。

（5）最后附带说明“六离合释”。所谓“六离合释”是解释复合名词构成的六种方法：依主释（依士释）、持业释、有财释、相违释、带数释、邻近释。

（三）其他注疏

明昱之（明）《八识规矩颂补注正义》、智旭（明）《八识规矩颂直解》、广益之（明）《八识规矩颂纂释》、憨山（明）《八识规矩颂通说》。另有收入台湾现代佛教学术丛刊第三十卷《唯识典籍研究》（二）的《八识规矩颂释论》（王恩洋）。

解说

唯识学一开始就是由一些最有学问的人创造出来的，因而天生具有一种浓厚的学院气息。唯识大师们（诸如无著、世亲、戒贤、玄奘、窥基等）始终同时在深邃细密和广大全面两方面作艰苦的理论构造，以至于唯识学的知性（分析）品格在某种程度上超过了它的宗教意味。

可是，众生的愚痴如何能破？吾人的内心如何能得完满？离开对宇宙人生种种现象的解，离开对内在精神的悟觉，离开对善德圆满的信念，这一切都无从谈起。所以，当我们面对唯识宗的学术时，无论如何不能忽视其剖析人生、开悟俗众的理论努力。而且，在这一方面，唯识学给我们提供了较完备的义理系统，它包括相互关联，逐渐递升的三个环节：精神的自觉和自知（境）、精神的提升过程（行）、精神的完满无缺（果）。

识——精神分析

佛法自始至终是直接面对人的内心世界。佛法对凡夫众生的救治，不是施人以衣食，而是启悟众生对自身精神的自觉，并且告诉他们完善此精神的方法。

当我们的肉体“停止”活动，当我们安静下来，我们会发现还有一种东西在静悄悄地延续——它就是我们的精神，我们的自觉。它是生命的根本，既是痛苦的根源，也是幸福的起点。唯识宗用“识”来总称人类的精神世界。如果说众生的痛苦根源于内心的迷暗、精神的沉沦，那么众生的精神世界是如何受到污染，这种迷暗的内心又如何进行活动呢？不了解这些，我们又怎么能去除污染，破除迷暗呢？在众多的佛学流派中，唯识宗全面承担起细致考察吾人精神世界的理论任务。

详细、全面而且有条理地叙述唯识宗的精神剖析，是笔者力不能及的事。这里只简单举几个例子，以说明唯识学在此方面的独特努力。值得注意的是，唯识学的分析方法是不同逻辑形式的混合使用，且又服从于究竟精神境界的本体目的。

（1）第七识与第八识——深层意识

唯识学认为，众生不仅有表层的五种感觉识和第六思维意识，而且有众生不易自觉的第七末那识和第八阿赖耶识。第七识是一种极深细且永不间断的意识，它始终执第八识为自我，相当于众生有我觉的自我意识。第八阿赖耶识最深最细，一般不能自觉。它作用最大，涵义最广。它维持众生生命的延续，主宰众生的生死轮回，含藏一切事物的动因种子。熊十力先生称其为“潜意识”，实为恰当。唯识宗认为，作为表层的前六识以七、八识为生起的根源，且前六识的善恶染净由第七末那识来决定。

在西方，对人的精神方面的真正探讨和研究，始于十九世纪的弗洛伊德。根据弗氏的深层心理学，表层意识只不过是人类精神的一小部分，在其深处，潜藏着相当大一片无意识的精神世界。只有对这种潜藏的精神世界进行研究，才能辨明人的精神乃至生命的全貌。在西方心理学，无意识被分成三个层次：个体无意识、家族无意识和集体无意识。我们可以说，荣格的“集体无意识”，从西方的立场上展示出广阔的阿赖耶识的领域，而笛卡儿的“我思故我在”也可认为是第七末那识的领域。

（2）烦恼二十六心所——烦恼心理

众生的痛苦就是内心的烦恼，佛法的宗旨即是破除烦恼获得清净。所以，对烦恼心理的考察必然成为佛学特别是唯识学的重要内容。佛教中称烦恼为污染，是取其污染吾人精神世界之义。

唯识学认为，烦恼心理起源于第七识对第八识的迷痴贪执，因此自我”的贪执而生出四种根本烦恼：我贪、我痴、我见、我慢。又由此引出六种根本烦恼心所，再随生而起二十种随烦恼心所。烦恼心所法在五十一种心所中独占一半，可见其在佛法中的地位。列表如下，以便直观。

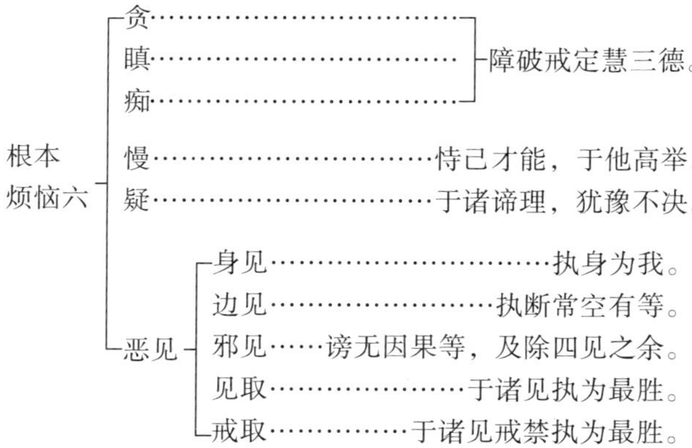

随烦恼二十

类别	名称	释义
小随	忿	对现前不饶益境，愤发为性。
	恨	由忿为先，怀恶不舍。
	覆	恐失利誉，隐藏自恶。
	恼	忿恨为先，追触暴热。
	嫉	不耐他荣，妒忌为性。
	悭	鄙悋财法，不能惠舍。
	诳	为获利誉，矫现有德。
	谄	矫设异仪，以罔冒他。
	害	损恼有情，心无悲愍。
	憍	于自盛事，染着醉傲。
中随	无惭	不知自短，轻拒贤善。
	无愧	不顾世间，崇重暴恶。
大随	掉举	令心于境不寂静，能障止及行舍。
	惛沉	令心于境无堪任，能障观及轻安。
	不信	于实德业不忍乐欲，障净信。
	懈怠	惰于修善断恶，障精进。
	放逸	不能防染修净，障不放逸。
	失念	于诸所缘，不能明记。
	散乱	于诸所缘，令心流荡。
	不正知	于所观境，起错谬解。

在随烦恼法中，“忿”是遇逆境而生愤怒；“恨”是长期蕴怒而怨结成恨；“恼”是由恨而生报复，以恶待人。又如“掉举”是心情浮躁，“散乱”是心情混乱无章，“惛沉”是心思蒙昧含混。其中“小随”是各别生起，范围狭小；“中随”是普遍作用于恶念之中；“大随”是普遍作用于一切烦恼心理之中。足见其分析之细密。

（3）识的“依缘”和“四分”——认识过程

唯识宗称认识活动为“与境取相”，即通过感觉或名言概念来摄取对象的现象和表现。所谓认识的“依缘”是指一种认识得以发生的各种条件。“依”是内部条件，“缘”是外部条件。与认识直接发生关系的是：认识的“所依”是认识器官，如五官、大脑；以及认识的“所缘”是认识的对象，如颜色（色）、味道（味）、属性等。还可以作进一步的分疏，以视觉认识为例，唯识学认为需要九种条件：眼睛（眼根）、第六识（思维）、第七识（自我意识）、第八识（潜意识）、空间、光线、眼识种子、视觉的警起（作意）、视觉对象。

所谓“四分”是指整个认识活动的四个方面，分别是：（一）相分，认识的对象，比如待量的绢布；（二）见分，认识的能力，比如可量绢长的尺；（三）自证分，证明认识能力的能力，比如对丈量智慧的了解；（四）证自证分，知道认知证明的能力，比如比丈量智慧更基础的智慧。见分、自证分、证自证分三分是对认识能力内部层次的划分，自证分与证自证分的区别有点类似于应用科学和一般科学之间的区别。也有把前二分作为外二分，后二分作为内二分，并以桃作喻，如图：

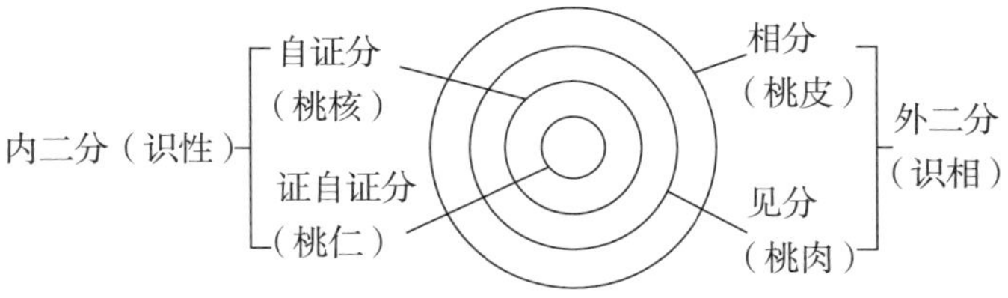

只要不陷溺于其中的琐碎，这种细密的分析会有助于我们了解自身的精神世界。而且这种分析式的探求并不是天生就与吾人整体精神的提升相矛盾。另一方面，现代学人往往失之于对事物的笼统认识，而缺少细密且有条理的剖析。如果我们只知道直观整体，那才会永远停留在表象上面。方法与精神都要求我们进行分析。在这方面，唯识学给我们提供了丰富的思想资源。

万法唯识——宇宙即精神

唯识宗对意识的分析，不仅是为了获得关于意识本身的认识，而且要得出一个本体论的结论——万法唯识。所谓万法唯识是指一切事物的根源或本质都是意识，外界物质现象只是心识转变生起的影像。佛教中也称为“破相见性”，万物是表象之相，心识是本源之性。

一般来说，人可分为心、物两方面。从外面看，人是时空中的物质存在，在时空中变化流转。然而，当我们内省自己，就会发现一种连续不断的精神活动。这种活动超越了时空，是无限的自由。

宇宙人生从根本上说是精神。因为吾人从外面看物质，也是吾人的精神在看，是精神告诉我们有外物的存在。比如我们看花，花是眼中之花，离开眼睛，离开视觉意识就没有花。外物的存在或意义离不开吾人精神的关注。人的活动都是种种精神的表现。人之求饮食、求健康、求男女之欲，都是精神的欲求；人之求名、求利、求权，也是因其精神力量而生的贪欲。人之求善、求真、求美也均是精神的表现。宇宙是精神的洪流，人是一群群精神的实在，人心是他们的本质。我们的沉沦是由于此，我们的完善也是由于此。

唯识学不止于识的剖析，也不止于指出宇宙人生的精神本质。任何佛法最重要的部分是指出众生如何觉悟真理、完善精神的方法。众生只有自觉其内在的精神力量，并按照完善自身的方向，拯救精神的沉沦和萎靡。如此，才能脱离苦海，完满生命，证得佛果。

转识成智——精神的完满

所谓成佛，不是得道升天，羽化成仙，而是去精神之贪欲，成就精神之慈悲；去精神之烦乱，成就精神之清净；去精神之偏见，成就精神之真知；一句话，去精神之破缺，成就精神之完满。吾人在这种追求精神提升的过程中，渐次展开自己的生命，努力为他人和社会做事，就算是成佛究竟，得人生之真谛。

唯识学把这一精神的转变过程称为“转识成智”或是“断染成净”。所谓“转识成智”就是众生的八识向清净智慧的转变。于此，唯识学提出五个阶段和四种智慧。其中五个阶段是指（一）资粮位，确立信仰；（二）加行位，加紧修行；（三）通达位，初见真理；（四）修习位，继续苦修；（五）究竟位，究竟圆满。四种智慧是破除虚妄识而得，与八识的对应关系如下：

前五识——成所作智

第六识——妙观察智

第七识——平等性智

第八识——大圆镜智

所谓“四智”即是吾人圆满精神的四种表现而已。第一智做善事，第二智得真知，第三智显慈悲，第四智度众生。

众生随着“断染成净”的逐渐修行，心灵境界随之逐渐提升，于是众生生命存在的意义和层次也是不断扩展和提高。这算是唯识宗人生哲学的精髓。

当今世界，人类精神普遍面临危机。这种危机表现在人类精神的物化、利欲化、机械化。精神逐渐沉沦为贪欲，萎缩成教条，不再有丰富的想象，纯洁的内心，崇高的理想。精神的危机才是吾人生命的真正末日，佛陀在二千多年前就开创佛教，宣扬佛法，致力于人类的自我拯救，正是佛陀启示了吾人生命中最宝贵的力量：自觉精神之存在并且时时完善此精神。正是这种力量和理念使人类渡过数次劫难，人同此心，心同此理，此力量将永不泯灭。

参考书目

1.《佛教哲学》 方立天著 中国人民大学出版社一九九一年

2.《玄奘哲学研究》 田光烈著 学林出版社一九八六年

3.《周叔迦佛学论著集》上、下集 中华书局一九九一年

4.《唯识典籍研究》(一)、(二)现代佛教学术丛刊 张曼涛主编 台湾大乘文化出版社一九七八年

5.《唯识学的继承与发展》 同上

6.《唯识学概论》 同上

7.《唯识思想今论》 同上

8.《唯识思想论集》 同上

9.《俱舍论研究》 同上

10.《中国佛教》(二)中国佛教协会编　知识出版社一九八二年

11.《中国佛教史》第一卷　任继愈主编　中国社会科学出版社一九八一年

12.《隋唐佛教史稿》　汤用彤著　中华书局一九八二年

13.《中国佛学源流略讲》　吕澄著　中华书局一九七九年

14.《文化意识宇宙的探索——唐君毅新儒学论著辑要》　中国广播电视出版社一九九二年

15.《我的人学》上、下　池田大作著　潘金生、庆春兰译　北京大学出版社一九九〇年

16.《中国通史》第四册　范文澜著　人民出版社一九六五年

出版后记

星云大师说:“我童年出家的栖霞寺里面，有一座庄严的藏经楼，楼上收藏佛经，楼下是法堂，平常如同圣地一般，戒备森严，不准亲近一步。后来好不容易有机缘进到藏经楼，见到那些经书，大都是木刻本，既没有分段也没有标点，有如天书，当然我是看不懂的。”大师忧心《大藏经》卷帙浩繁，又藏于深山宝刹，平常百姓只能望藏兴叹；藏海无边，文辞古朴，亦让人望文却步。在大师倡导主持下，集合两岸近百位学者，经五年之努力，终于编修了这部多层次、多角度、全面反映佛教文化的白话精华大藏经——《中国佛教经典宝藏》，将佛教深睿的奥义妙法通俗地再现今世，为现代人提供学佛求法的方便途径。

完整地引进《中国佛教经典宝藏》是我们的夙愿，

三年来，我们组织了简体字版的编审委员会，编订了详细精当的《编辑手册》，吸收了近二十年来佛学研究的新成果，对整套丛书重新编审编校。需要说明的是此次出版将丛书名更改为《中国佛学经典宝藏》。

佛曰：一旦起心动念，也就有了因果。三年的不懈努力，终于功德圆满。一百三十二册，精校精勘，美轮美奂。翰墨书香，融入经藏智慧；典雅庄严，裹沁着玄妙法门。我们相信，大师与经藏的智慧一定能普应于世，济助众生。

东方出版社

图书在版编目（CIP）数据

唯识四论／陈鹏 释译．—北京：东方出版社，2020.3
（中国佛学经典宝藏）
ISBN 978-7-5060-8581-6

I. ①唯… Ⅱ. ①陈… Ⅲ. ①唯识宗—研究 Ⅳ. ① B946. 3

中国版本图书馆 CIP 数据核字（2015）第 267716 号

唯识四论
（WEISHI SILUN）

释 译 者：陈　鹏
责任编辑：王梦楠
出　　版：东方出版社
发　　行：人民东方出版传媒有限公司
地　　址：北京市东城区朝阳门内大街 166 号
邮　　编：100010
印　　刷：北京明恒达印务有限公司
版　　次：2020 年 3 月第 1 版
印　　次：2022 年 11 月第 3 次印刷
开　　本：880 毫米 ×1230 毫米　1/32
印　　张：10. 75
字　　数：182 千字
书　　号：ISBN 978-7-5060-8581-6
定　　价：75.00 元
发行电话：（010）85924663　85924644　85924641